Friedrich Brasch

Davouts Feldzug gegen Mecklenburg im August 1813

Überarb., mit Anhängen und einem
Vorwort ausgestattet von Tobias Büchen

edition historica, Band 2
Hrsg. von Tobias Büchen

Tobias Büchen (Jg. 1980) studierte Geschichte und Philosophie in Greifswald und Berlin. Er lebt und arbeitet als Journalist und Fachlektor in Berlin.

Friedrich Brasch

Davouts Feldzug gegen Mecklenburg im August 1813

Überarb., mit Anhängen und einem Vorwort ausgestattet von Tobias Büchen

edition historica

Herausgeber der Neuausgabe 2023: Tobias Büchen
Erstmals erschienen 1862 unter dem Titel ›Der Feldzug des Marschalls Davoust in Mecklenburg im August 1813: in Hinsicht der strategischen Gesichtspunkte dargestellt‹ in der Zeitschrift ›Archiv für Landeskunde in den Großherzogthümern Mecklenburg‹, Schwerin

Unveränderter Nachdruck der Ausgabe Pinneberg 2018.

ISBN: 978-3-75048817-5

Herstellung und Verlag: BoD – Books on Demand, Norderstedt

Umschlaggestaltung, Satz, Layout und Karten: Tobias Büchen, Rostock.
Printed in Germany

Inhaltsverzeichnis

Vorwort

Der Herbstfeldzug 1813 mit den großen Operationen in Sachsen, Südbrandenburg und Nordböhmen, läutete endgültig das Ende der Napoleonische Epoche ein. Gegen die geschickt operierende Koalitionsarmee aus Großbritannien, Preußen, Österreich, Russland und Schweden vermochten sich die durch jahrelange Feldzüge ausgebluteten Heere Frankreichs und seiner Verbündeten nicht mehr zu behaupten. Am 19. Oktober 1813 erlitt Napoleon schließlich bei Leipzig eine verheerende Niederlage, die ihn zum Rückzug hinter den Rhein zwang. Nur wenige Tage zuvor, am 8. Oktober, hatte sich mit Bayern Frankreichs ältester und wichtigster deutscher Verbündeter dem Lager der Alliierten angeschlossen und damit das Signal zur Auflösung des Rheinbundes geliefert, dessen Mitgliedsstaaten nun nach und nach dem bayrischen Beispiel folgten.

So weit, so bekannt, möchte man meinen. Weit weniger bekannt ist indes, dass sich nicht Bayern als erster Staat vom Rheinbund losgesagt hat, sondern die beiden mecklenburgischen Herzogtümer Schwerin und Strelitz, und zwar bereits im März 1813. Dabei war es nicht allein die unmittelbare militärische Bedrohung durch russische Verbände. Beide Mecklenburg hatten von Beginn an auf einer neutralen Politik in den Revolutionskriegen beharrt, und hielten daran trotz enger wirtschaftlicher Verbindungen zu Preußen auch 1806 fest. Als jedoch versprengte preußische Einheiten durch mecklenburg-schwerinisches Gebiet in Richtung Schwedisch-Pommern zogen, ohne das die mecklenburgischen Autoritäten etwas dagegen unternahmen, ließ Napoleon die mecklenburgischen Lande besetzen. Die Schweriner Herzöge flohen ins befreundete Dänemark und traten schließlich unter dem Eindruck der drohenden Mediatisierung erst 1808 dem Rheinbund bei; Mecklenburg-Strelitz war nach dem Zusammenbruch Preußen bereits 1806 beigetreten. Das Bündnis mit Napoleon sicherte zwar die mecklenburgische Souveränität, brachte indes ansonsten keine Gewinne. Wirtschaftlich stark auf den Handel mit den Ostseeanrainern ausgerichtet, stürzte Mecklenburg-Schwerin durch den anhaltenden französisch-schwedischen Konflikt und die Kontinentalsperre in eine schwere Wirtschaftskrise, von der besonders Rostock und Wismar schwer getroffen wurden. Die erhoffte Standeserhöhung und Gebietsgewinne in Schwedisch-Pommern – Erbprinz Friedrich Ludwig von Schwerin verhandelte noch bis Anfang 1813 mit Frankreich über den Erwerb – blieben ebenso aus.

Der Anschluss an die Russisch-Preußische Koalition war also einerseits aufgrund enger Verbindungen – insbesondere Strelitz' zu Preußen – naheliegend, andererseits auch dem Wunsch geschuldet, Mecklenburg vor Kriegshandlungen zu schützen. Denn nachdem das ohnehin kleine mecklenburgische Rheinbund-Kontingent im Russlandfeldzug nahezu vollständig vernichtet worden war, verfügten die Herzogtümer über keine militärischen Mittel mehr, um sich zu verteidigen. Dieses Ziel indes erfüllte sich nicht. Zwar konnten die Verbündeten im April Hamburg und Lübeck besetzen, russische Streifkorps bis nach Bremen und Westfalen vordringen und ein erster französischer Gegenschlag im April 1813 bei Lüneburg vereitelt werden. Doch mit Abschluss des Waffenstillstandes im Juni 1813 verpflichteten sich die Verbündeten, ihre Truppen von der Niederelbe abzuziehen. Die mecklenburgisch-französische Grenze (Lauenburg und Lübeck waren Teil des französischen Kaiserreichs) wurde als Demarkationslinie bestimmt. Damit war bereits für die zeitgenössischen Beobachter abzusehen, dass

Mecklenburg zum Ziel eines französischen Angriffs werden würde, falls die österreichischen Vermittlungsversuche erfolglos bleiben sollten, was sie dann ja auch tatsächlich waren.

Auch die Hoffnung, durch den frühen Seitenwechsel eine Garantie der staatlichen Souveränität zu erhalten, erfüllte sich zumindest für Mecklenburg-Schwerin nicht. Im Gegenteil nutzten Preußen und Russland eben diese Souveränität als Verhandlungsmasse, um einen anderen französischen Verbündeten, der für den norddeutschen Kriegsschauplatz wichtig werden sollte, zum Seitenwechsel zu bewegen: Dänemark.

Dänemarks Weg in den Krieg ähnelte auf bemerkenswerte Weise dem der mecklenburgischen Herzogtümer. Auch das nordeuropäische Königreich hatte zunächst eine strikte Neutralitätspolitik verfolgt, die französische und vor allem britische Kaperfahrer indes nicht davon abhalten konnte, dänische Handelsschiffe aufzubringen. Als sich die dänische Regierung schließlich dazu entschloss, im Bund mit Schweden und Russland den Überseehandel notfalls durch die eigene Flotte vor britischen Kaperfahrern zu schützen, wurde die dänische Flotte 1801 durch einen britischen Flottenangriff auf Kopenhagen vernichtet. Ein zweiter Angriff 1807, mit dem Großbritannien auf einen drohende französischen Einmarsch nach Dänemark reagierte und der nicht nur die Reste der dänischen Flotte, sondern auch die Werftanlagen und Depots in Kopenhagen zerstörte, trieb das Land endgültig ins französische Lager.

Aufgebracht darüber, dass Großbritannien offensichtlich weder bereit war, die dänische Neutralität zu respektieren, noch dem Land gegen einen französischen Einmarsch beizustehen, und getrieben von einer Welle antibritischer Gefühle im Land, unterzeichnete Friedrich VI. einen Bündnisvertrag mit Napoleon. Wie im mecklenburgischen Fall, so brachte das Bündnis auch Dänemark keine Dividende. Die erhofften Gebietsgewinne in Südschweden ließen sich nicht realisieren, Dänisch-Westindien wurde von Großbritannien besetzt, der

Überseehandel auch mit Norwegen brach zusammen. Das Königreich stürzte in eine schwere Wirtschaftskrise. Am Vorabend des Russlandfeldzuges war Dänemark bankrott.

Im Frühjahr 1813 befand sich die Regierung in Kopenhagen in einer schwierigen Lage. Österreich hatte zwar signalisiert, dass es einer Schwächung Dänemarks nicht zustimmen würde. Doch was half das? Österreich war neutral und es waren preußische, russische und schwedische Truppen, die an den Grenzen des Königreiches standen. So suchte König Friedrich VI. Kontakt zu den Alliierten, um die Möglichkeit eines Seitenwechsels auszuloten und erfuhr als erstes, dass Norwegen fest Schweden versprochen worden war und Dänemark in jedem Fall seinen Verzicht darauf erklären müsse. Als Kompensation boten ihm die russischen und preußischen Unterhändler Ostfriesland, die Hansestädte, Pommern und schließlich auch das Gebiet des inzwischen verbündeten Herzogtums Schwerin an. Zwar gab es innerhalb der dänischen Regierung durchaus Befürworter eines solchen Kompensationsgeschäfts. Doch schließlich waren Friedrich VI. und seine Minister nicht bereit, das über Jahrhunderte mit Dänemark verbundene Norwegen gegen zweifelhafte Versprechungen auf zukünftigen Gebietserwerb in noch zu erobernden Ländern einzutauschen.

Dänemark verbündete sich erneut mit Frankreich und mobilisierte ein 10.000 Mann starkes Korps, dessen Bezeichnung ›Auxiliær Korpset‹ nicht darüber hinwegtäuschen darf, dass es sich hierbei um die gesamte Kampfkraft des dänischen Heeres gehandelt hat. Wäre dieses Korps aufgerieben worden, hätte Dänemark über keine operativen Reserven mehr verfügt. Anders Frankreich und die Verbündeten, die dem Niederelberaum nur eine untergeordnete Rolle beimaßen, und ihre kampferprobtesten Verbände in Sachsen formierten.[1]

---

1 Vgl. zur diplomatischen Vorgeschichte auch den konzisen Überblick bei Kienitz, Kosakenwinter, S. 20 ff.

So wundert es denn auch nicht, dass der Mecklenburg-Feldzug im August und die anschließenden Vorpostengefechte bis Dezember 1813 in den einschlägigen Publikationen zum Herbstfeldzug kaum eine Rolle spielen. Wo er auftaucht, wird er als bedeutungsloser Nebenkriegsschauplatz abgetan, dem beide Seiten keine Bedeutung beigemessen hätten, ja, auf dem Frankreich allein deshalb Offensivkräfte eingesetzt habe, um die Treue des dänischen Verbündeten zu sichern.

Dem Schweriner Volksschullehrer und Heimatkundler Friedrich Brasch (1804–1874) fällt das Verdienst zu, 1862 erstmals den Mecklenburg-Feldzug historisch-systematisch in den größeren Kontext des Herbstfeldzuges eingeordnet zu haben.[2] Sein selbst formulierter Anspruch war es, größtmögliche Objektivität und Faktentreue walten zu lassen, ein historisches Panorama jener Wochen aufleben zu lassen um anhand der zeitlichen Abfolge der Ereignisse Rückschlüsse auf die Intentionen und Kenntnisstände der Akteure ziehen zu können, und Spekulationen zu vermeiden, die keine Grundlage in den vorhandenen Schriften haben. Möchte man den Text anhand dieser vom Autor aufgestellten Maßstäbe bewerten, so muss man zunächst feststellen, dass es natürlich auch ein Text seiner Zeit ist; ein Text, der den Nationalstolz der Epoche widerspiegelt und, wenngleich Brasch selber das bestreitet, doch nicht völlig frei ist von Ressentiments gegenüber den Gegnern, aber auch den Verbündeten von 1813. Besonders augenfällig wird dieser Umstand in den Passagen über das Lützower Freikorps.

Tatsächlich sind die Lützower das eigentliche Objekt seiner Forschungen gewesen, die sich in seinem Buch ›Theodor Körner und das Grab bei Wöbbelin‹ niederschlugen. Und auch im vorliegenden Text zeichnet er ein überaus positives Bild der

---

2 Barthold von Quistorps Großwerk über den Feldzug der Nordarmee behandelt den Mecklenburg-Feldzug noch mal ausführlicher und differenzierter, als es Brasch hier macht. Quistorps ›Geschichte der Nord-Armee im Jahre 1813‹ erschien jedoch erst 30 Jahre später, 1894, und baut in Bezug auf den Mecklenburg-Feldzug auf Braschs Arbeit auf.

Freischar, das so heute kaum mehr aufrecht zu erhalten ist, und überhöht ihre militärische Schlagkraft, während er sich gleichzeitig in der Tendenz abwertend über die in Mecklenburg ebenfalls eingesetzten russisch-deutschen und britisch-deutschen Legionen äußert.

Braschs zweites Verdienst ist es, eine ausgewogene Beurteilung der Intentionen und Anweisungen nicht nur der lokalen Befehlshaber Davout und Wallmoden, sondern auch des schwedischen Kronprinzen und ehemaligen französischen Marschalls Bernadotte zu liefern, dessen – durchaus innenpolitischen Sachzwängen folgender – zurückhaltender Einsatz der Truppen unter seinem Kommando in den frühen Publikationen und Memoiren ihm den Vorwurf eines Feiglings und heimlichen Verräters am anti-napoleonischen Bündnis eingebracht haben. Indem Brasch Bernadottes Befehle in die Gesamtstrategie der Alliierte, wie sie im Trachenberg-Plan[3] formuliert worden war, einordnet, widerlegt er die bis dahin dominierenden Annahmen. Vielmehr zeigt er, dass sie stimmig in das Gesamtbild passen, und Bernadotte in Mecklenburg nicht primär von der Sorge um die Sicherung der schwedischen Rückzugsrouten an die Ostsee, als vielmehr von der Frage geleitet wurde, wie ein französisch-dänisches Heer durch den Einsatz unterlegener Kräfte daran gehindert werden könne, in den Rücken seiner Hauptmacht zu stoßen.

Braschs Text ist in einer Sprache geschrieben, die heutigen Lesern fremd bis manieristisch vorkommen mag. Dennoch wurde um größtmögliche Authentizität zu wahren, auf eine sti-

---

3 Der sog. Trachenberg-Plan wurde am 12. Juli 1813 bei einer Konferenz der Verbündeten auf Schloss Trachenberg beschlossen. Er ging im Wesentlichen auf Bernadotte und den österreichischen Generalstabschef Radetzky zurück. Geplant war, Napoleons Hauptarmee auszuweichen und immer dann offensiv zu werden, wenn eine der drei Armeen von der gegnerischen Hauptstreitmacht angegriffen würde. Der Hauptschlag sollte erst geführt werden, wenn alle drei Armeen gemeinsam einen Angriff führen konnten.

listische Überarbeitung des Textes verzichtet. Gleichwohl waren behutsame Überarbeitungen notwendig, um heutigen Lesegewohnheiten gerecht zu werden. So wurde der im Original, wie seinerzeit üblich, in Fraktur gesetzte Text in eine moderne Antiqua-Schrift transkribiert und gleichzeitig an die neue deutsche Rechtschreibung angepasst. Zudem wurden Orts- und Personennamen der heutigen Schreibweise angepasst (so schreibt Brasch z. B. Davoust, statt Davout). Einzelne Wörter, die nicht mehr gebräuchlich sind, werden in Fußnoten erläutert, oder wurden in ganz wenigen Ausnahmefällen durch Synonyme ersetzt. Die im Anhang wiedergegebenen Gefechtsformationen der beteiligten Verbände sind im Original nicht enthalten und wurden als ergänzende Informationen hinzugefügt. Ebenso enthält der Originaltext keine Karten. Die in dieser Ausgabe enthaltenen Karten wurden eigens für diesen Band angefertigt.

Tobias Büchen, Berlin 2018

Einführung

In der Schrift ›Das Grab bei Wöbbelin oder Theodor Körner und die Lützower‹ habe ich verschiedene Vorfälle aus dem Kriege an der Niederelbe erwähnen und an mehren Stellen Meinungen über das strategische Verhalten der beiderseitigen Feldherrn äußern müssen, ohne dass der Zweck und Plan jenes Buches eine weitere Ausführung und Begründung zugelassen hätte. Die erlaube ich mir nun in Betreff eines einzelnen, nämlich desjenigen Abschnittes dieses Krieges zu geben, wo die Dinge hier an der Niederelbe und auf dem mecklenburgischem Schauplatz den engsten Zusammenhang mit den Kombinationen für jene großen Operationen hatten, welche die eigentlichen Resultate herbeiführten, und wo ihr Verlauf notwendig auf das Ganze einen erheblichen Einfluss haben musste – nachteilig unter der einen möglichen Voraussetzung, günstig in dem glücklicherweise als wirklich eingetretenen Falle.

Diese Partie ließ sich selbstständig in sich abschließen. Sie ist von einem nicht geringen Interesse für solche Geschichtsfreunde, denen es um das Verständnis der Begebenheiten zu tun ist, um Einsicht in die ursächliche Verknüpfung derselben und in die Motive ihrer Leiter. Auch verdiente der Gegenstand umso mehr den erneuerten Versuch einer Bearbeitung, da diese innere Seite, das Wesen des Geschehenen selbst dem wissenschaftlichen Publikum wenig bekannt zu sein scheint, indem sogar Schriftsteller von Verdienst den Krieg an der Niederelbe nicht genug in seiner faktischen Beziehung als Teil des großen Krieges von 1813 aufgefasst haben, während andere ihn gar als eine Nebensache beschrieben, ohne die, gerade für die Abfassung eines leichten Überblickes unerlässliche, gründlichere Kenntnis an ihre Aufgabe gingen, oder ihre Darstellung unter dem Einfluss vorgefasster Meinungen gestalteten, die sie gegen den einen oder anderen der Männer mitbrachten, an deren Namen sich diese Ereignisse knüpfen.

Beim Ablauf des Waffenstillstandes

Wusste man freilich nicht die Instruktion, welche der Marschall Davout von seinem Kaiser haben mochte, so durfte man
doch leicht voraussetzen, dass derselbe nicht auf die Behauptung Hamburgs und die Beschützung der Länder des dänischen
Bundesgenossen beschränkt, sondern dass er namentlich angewiesen sein werde, offensiv zum Vorteile der großen Armee zu operieren. Nur die Modalität dieser Offensive konnte
zweifelhaft sein. Die wurde durch den Kriegsplan des Kaisers
bedingt. In Betreff desselben hatte nun, nach Varnhagen von
Enses Bericht im ›Leben des Generals Bülow von Dennewitz‹
(S. 194), der Kronprinz von Schweden, Oberbefehlshaber der in
der Mark südlich von Berlin versammelten Nordarmee, schon
in der ersten Beratung, die er am 13. August zu Oranienburg
mit den unter seinen Befehl gestellten preußischen Genera-
len Bülow und Tauentzien pflog, als seine bestimmte Erwartung ausgesprochen, dass beim Ablaufe des Waffenstillstandes
Napoleon von Sachsen aus zunächst einen Hauptschlag gegen
ihn und das Nordheer versuchen werde.

Es muss als selbstverständlich gelten, dass der Generalleutnant von Wallmoden-Gimborn, dessen Korps in Mecklenburg
den äußersten Flügel der alliierten Nordarmee abgab, dieser
Ansicht seines Chefs gemäß instruiert gewesen sei. Es folgt
dies auch aus Wallmodens eigener, 1817 anonym herausgegebe-
nen Geschichte seines Feldzuges,[1] sowie aus der jüngsten 1848

---

1 Gemeint ist wohl die inzwischen Clausewitz zugeschriebene Darstellung ›Der Feldzug in Mecklenburg und Holstein im Jahre 1813‹. (Anm. d.
Red. 2018).

zu Altenburg unter dem Titel erschienenen Schrift: ›Der Feldzug des Korps des Generals Grafen von Wallmoden-Gimborn an der Niederelbe‹, die wohl wesentlich bloß eine Entlehnung aus jener ersten und aus den ferneren Veröffentlichungen sein mag, die man 1827 in der Wiener militärischen Zeitschrift von der Feder eines Offiziers des Wallmodenschen Generalstabes las. Nur bringt dieser ungenannte Schriftsteller, der nach der Meinung seines Herausgebers, des Majors Pierer zu Altenburg, »ein sehr hochstehender, erfahrener und kriegstüchtiger Mann« sein müsste, das leider (wie wenn er nie bei Fain oder Norvins Napoleonische Erlasse an die französischen Marschälle gelesen hätte) als Klage über »das höchst Allgemeine« der Instruktion des Kronprinzen in Verbindungen vor, wo er diesem Fürsten die heimtückischsten Absichten zutraut und sich gebärdet, als sehe er die Prämissen für die Anordnung desselben nicht.

Er hat nämlich schon vorweg (S. 15) der »Mutmaßung« Raum gegeben, »dass es dem Kronprinzen nicht unangenehm gewesen wäre, durch irgend eine Begebenheit am äußersten rechten Flügel dahin abgerufen zu werden, weil um diesen Punkt sich eigentlich sein Hauptinteresse in dem Kriege drehte, indem er da in direkten Kontakt mit den Dänen kommen und seine eigene Sache ausmachen konnte.« Dem Kronprinzen wäre es also nicht unangenehm gewesen, wenn Davout wirkliche Vorteile errungen hätte; er würde diese als Vorwand benutzt, er würde mit seinen Schweden die Nordarmee verlassen, Berlin preisgegeben haben, um an die Niederelbe zu gehen und den Dänen unmittelbar Norwegen abzuzwingen. Der Kronprinz wäre des schnödesten Verrats an der Sache der Allianz fähig gewesen. Die Erhärtungsgründe für diese Beschuldigung liegen natürlich mit in der Mutmaßung; aber der Leser kann, so er will, doch denken, dass es dem General Wallmoden umso höher anzurechnen war, wenn er es nicht zu »irgend einer Begebenheit« kommen ließ.

Während der Wallmodensche Historiograf, in Folge der treulosen Hintergedanken des Kronprinzen, der Instruktion von Seiten desselben zu wenig hat, könnte ein anderer militärischer Schriftsteller die Leute zu der Meinung bringen, dass der Kronprinz durch ein Zuviel des Befehlens seine verräterische Tendenz gezeigt habe. Auch von dem preußischen Major Beitzke im zweiten Bande seiner ›Geschichte der deutschen Freiheitskriege‹ (Berlin 1855) wird dem Leser nicht im Ergebnis voraufgegangener Geschichtserzählung, sondern ehe noch irgendein Faktum mitgeteilt worden, das Urteil über den Kronprinzen dahin fixiert, »dass derselbe fortwährend nichts getan, dass er nichts habe tun wollen, und dass er selbst glorreiche Unternehmungen gehindert habe« (S. 238). Und demgemäß läuft es denn auch in dem Augustfeldzug an der Niederelbe (S. 285–289) darauf hinaus, dass »der Kronprinz hier in vollem Maße lähmenden Einfluss geübt,« dass »sich durch seine lähmenden Befehle das Korps von Wallmoden in Nachteile versetzt gesehen habe.«

Diesem Werk von Beitzke scheint durch die unvergleichliche Tüchtigkeit und Zuverlässigkeit seiner Beschreibung der großen Kriegsbegebenheiten und Zustände, als musterhafte Darstellung für den militärischen Laien, eine große Verbreitung gesichert, und es scheint bestimmt zu sein, durch seine Auffassungsweise für längere Zeit die Geschichtsansicht des Publikums zu bilden. Eben deswegen wird es angemessen sein darauf aufmerksam zu machen, dass das Buch innerhalb unseres hier vorliegenden, freilich kleinen, jedoch inhaltreichen, niederelbischen Zeitausschnittes die gewohnten Vorzüge keineswegs an sich trägt. Wir werden uns indes enthalten, die Ungenauigkeiten alle zu erörtern, woran die Detailangaben der zitierten Partie leiden, und bloß das Irrtümliche in den rein militärischen Grundanschauungen von den Vorgängen aufzuweisen versuchen.

Der Kronprinz von Schweden, so scheint es uns (ansehend das Ganze seines feldherrlichen Waltens i. J. 1813), wurde offenbar durch die Idee geleitet, dass nicht die Verbündeten, wenn sie einig blieben, wohl aber Napoleon in der Lage sei, das Risiko großer Schlachten wollen zu müssen. Und dabei spricht allerdings zu seinen Gunsten, dass auch der gleichzeitige Chef des österreichischen Generalstabes Radetzky in seinen damaligen (1858 gedruckten) ›Denkschriften‹ sich in derselben Ansicht bewegt, und noch bis in den Anfang Oktober hinein eine Hauptschlacht zu vermeiden rät, indem man Napoleon nur dadurch vernichten könne, dass man ihn in Einzelgefechten ermüde und ihm die Subsistenzmittel entziehe. Ähnlich hatte auch Karl Johann sich schon in Stralsund (6. August) gegen den dort gelandeten Moreau geäußert: Er werde sich nicht den Keulenschlägen Napoleons aussetzen, sondern durch ein langsames, methodisches Verfahren den Zweck verfolgen. Überdies wurde Vorsicht ihm schon durch den Hinblick auf die heimatlichen Parteien angeraten, deren eine mit seiner Wahl, die andere mit der Politik unzufrieden war, in deren Bahn er Schweden gelenkt hatte. Endlich bildete seine nach Deutschland gebrachte Armee, wie gering sie sein mochte, immerhin den Kern der schwedischen Waffenmacht, und Schonung derselben war für ihn ein dringendes Gebot.

Welche Beengung der Kronprinz durch all das erfahren und welche anderweitigen Motive ihn sonst noch bestimmt haben mögen, ja, welche Fehler er als Feldherr auch wirklich begangen haben mag: Es bleibt trotzdem wahr, dass er, ein geborener Tyrannenfeind, in Deutschland aufrichtig dem großen Interesse der politischen Freiheit und Unabhängigkeit der Völker dienen wollte, nur nicht als Kosmopolit, sondern als Schwede, zu seines Landes Vorteil. Wenn die preußischen Generale insgesamt, Blücher zumal, misstrauisch ihm den guten Glauben versagten und seine Handlungsweise am allerwenigsten aus den zunächst sich darbietenden Ursachen erklärten, so mag das gewissermaßen natürlich erscheinen, weil in ihnen noch der Grimm der Erinnerung von 1806 wirkte, wo es dieser Marschall

Bernadotte gewesen, vor dem man bei Ratkau die Waffen hatte strecken müssen. Allein in unsere gegenwärtige Zeit sollten dergleichen Verstimmungen billigerweise nicht mehr hineinreichen. Da es dennoch geschehen und auch des Kronprinzen Verhalten zu der Kriegführung an der Niederelbe im August als perfide verdächtigt worden ist, so wird es der Geschichtsschreibung umso mehr obliegen, in dem vollen Tatbestande dem selbstdenkenden Leser die Elemente zu eigener Urteilsbildung vorzulegen.

Was nun speziell die ursprüngliche Anweisung für den General Wallmoden betrifft, so lag als Konsequenz der vorerwähnten Supposition[2] des Kronprinzen über den Plan Napoleons nahe, dass der Fürst Eggmühl[3] aus Hamburg hervorgehen werde, um das Unternehmen der großen Armee gegen das verbündete Nordheer in dessen Rücken zu unterstützen.

Daraus ergab sich für Wallmoden die Bestimmung, dass er, zwischen dem Kronprinzen und dem Marschall in der Mitte, jenem eine Deckung gegen diesen zu gewähren hatte, indem er Letzteren so lange als möglich auf dem Wege nach Berlin aufhielte. Ein Verzug von ein paar Tagen konnte von unberechenbaren Folgen sein. Diese Aufgabe schloss allerdings die Offensive nicht aus, aber gelegentlich, nach Zeit und Umständen, wie sie der Gegner darbieten würde. Sie war defensiver Art, d. h. Wallmoden musste seine Entschließungen durch die Handlungen des Anderen bestimmen lassen, und er hatte überhaupt kein vorbedachtes feststehendes, sondern durchaus nur ein bewegliches Ziel für seine Operationen. Bezeichnend wird

---

2 ›Annahme, Vermutung‹, Anm. d. Red. 2018
3 Am 22. April 1809 besiegte Napoleon beim oberpfälzischen Eggmühl, südlich von Regensburg, die sich aus Bayern zurückziehende österreichische Armee. Davout wurde für seine besonderen Verdienste zum Prince d'Eckmühl ernannt. Brasch nennt Davout im vorliegenden Text mal beim Namen, häufig jedoch nur ›Fürst Eckmühl‹ nach der französischen Schreibweise. In der vorliegenden Neuausgabe wurde ›Eckmühl‹ in ›Eggmühl‹ geändert.

deswegen der Heeresteil dieses Generals in den gleichzeitigen offiziellen alliierten Schriften auch als ›Observationskorps der Niederelbe‹ aufgeführt.

Auch wegen dieses defensiven Charakters, den die Kriegführung an der Niederelbe haben sollte, äußert sich der Major Beitzke (dessen Worte über die niederelbischen Sachen selbst in der zweiten Auflage seines Buches von 1859 noch genau die der ersten sind) in einem beschwerenden Ton wider den Kronprinzen, und beansprucht Glauben für seine Versicherung, dass, »wenn Wallmoden nach eigener Ansicht hätte handeln und sich auf den Gehorsam seiner Generale hätte verlassen können, so würde er beim Vorrücken Davouts sein Korps in eine feste Stellung zusammengezogen haben, um ihn zu empfangen.« Unter den hier im Sinne gehabten Unterbefehlshabern Wallmodens meint er auch mit den Generalmajor von Arentschildt, den er sich als Chef der ganzen russisch-deutschen Legion vorstellt und, irregeleitet durch die Form des Namens, für einen Schweden hält, der, gleich Vegesack, in einem näheren Abhängigkeitsverhältnis vom Kronprinzen gestanden habe.

Nicht wohl vereinbar mit der Beitzkeschen Meinung, wozu Wallmoden tüchtig gewesen sein würde, sucht jene andere Schrift die Schwierigkeiten seiner Aufgabe zu veranschaulichen, indem sie teils die bunte Mischung und die Neuheit der Truppen, teils aber und vornehmlich das Unvollkommene der ganzen Heereinrichtung und militärischen Anstalten bei seinem Korps hervorhebt; freilich ungerechterweise den Kronprinzen für Gebrechen und Missstände verantwortlich machend, die unvermeidlich aus den Umständen entsprangen und die sich auch bei den großen alliierten Heeren in ähnlicher Weise zeigten.

Aus der Idee, dem Fürsten von Eggmühl Aufenthalt zu verursachen, erklärt sich der Entschluss Wallmodens, beim Wiederbeginn der Feindseligkeiten nach dem Waffenstillstand die Westseite der Stecknitz oder Delvenau[4] nicht ohne Kampf aufzugeben. Hier waren an der Demarkationslinie als Vortruppen von der Abteilung des russischen Generalmajors von Tettenborn dessen wenige Kosaken und die Lützower seit dem 15. August von Lauenburg über Büchen bis Mölln aufgestellt.

In Mölln war nur ein Haufen Kosaken postiert. Bei dem Dorf Büchen, auf der Ostseite der Stecknitz, wo Tettenborn selbst sich aufhielt, stand der Major von Lützow mit seiner ganzen Reiterei (480 Mann) und dem dritten Bataillon seines Fußvolkes nebst fünf seiner kleinen Geschütze und einem Trupp Kosaken. Von diesen wurde jenseits des Flusses, dessen wiesige Ufer durch einen Damm mit Brücke zusammenhingen, ein kleiner Posten ausgesetzt. Lauenburg endlich, wo die Demarkationslinie von der Stecknitz westlich bis zur Elbe einen Bogen von dem Halbmesser einer Meile bildete, war dem ersten Lützowschen Bataillon unter dem Premierleutnant von der Heyde und dem zweiten Bataillon unter dem Hauptmann von Seidlitz, bei welchem sich auch die Tiroler Schützenkompanie befand, nebst einem Pulk von 300 Tettenbornschen Kosaken anvertraut. Die beiden Füsilier-Bataillone waren hier ohne ihre Jägerdetachements; indes waren die Jäger des zweiten Bataillons ihnen nah, nach Boizenburg gelegt.

Hinter der Abteilung Tettenborns hielt bei Zarrentin, gegen Büchen zu, der großbritannische Generalmajor von Dörnberg mit einem ansehnlichen Teile der Wallmodenschen Kavallerie-Division, deren Chef er war; es galt wohl zunächst, um unter Umständen die Vortruppen aufzunehmen. Und weiter zurück, in und bei Wittenburg stand Wallmoden selbst mit dem Groß-

---

4 Brasch verwendet die Namen Stecknitz und Delvenau synonym. Tatsächlich handelt es sich um zwei Flüsse: die Stecknitz entspringt bei Mölln und mündet bei Lübeck in die Trave, die Delvenau entspringt bei Büchen und mündet bei Lauenburg in die Elbe. Seit dem Bau des Stecknitzkanals im Spätmittelalter, der beide Flüsse miteinander verbindet, aht sich der Name Stecknitz als Bezeichnung für das ganze Flusssystem eingebürgert. (Anm. d. Red. 2018).

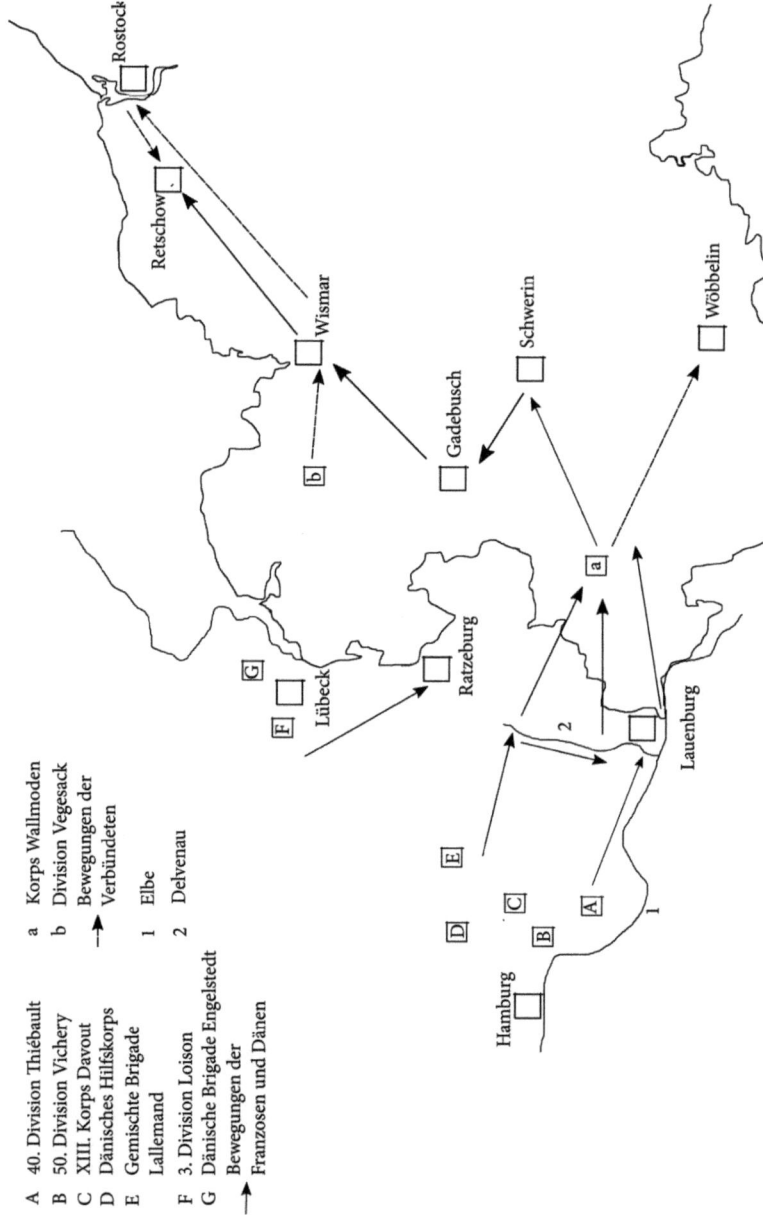

A 40. Division Thiébault
B 50. Division Vichery
C XIII. Korps Davout
D Dänisches Hilfskorps
E Gemischte Brigade
  Lallemand
F 3. Division Loison
G Dänische Brigade Engelstedt

→ Bewegungen der
  Franzosen und Dänen

a Korps Wallmoden
b Division Vegesack

→ Bewegungen der
  Verbündeten

1 Elbe
2 Delvenau

Abb. 1: Bewegungen der französisch-dänischen und der alliierten Truppen vom 17. bis 28. August

26

teil des unter seinem eigenen Kommando behaltenen Korps, das in seiner Gesamtheit, die Tettenbornschen eingeschlossen, hier vor dem Feind, etwa 16.000 Mann wirklicher Kombattanten mit 60 Geschützen stark sein mochte.

Eine Abteilung von 500 Hannoveranern und Hanseaten unter dem hannoverschen Obersten von Kielmannsegge war oberhalb Boizenburg und bis Dömitz aufgestellt, um diese Elbstrecke zu beobachten, die Verbindung mit den preußischen Truppen bei Havelberg, welche die Kommunikation zwischen dem Blockadekorps vor Magdeburg und dem Kronprinzen einerseits und Wallmoden andererseits machen sollten, zu unterhalten, und häufige Patrouillen über die Elbe zu schicken, was durch den Umstand begünstigt ward, dass alle Fahrzeuge sich an dieser Seite befanden.

An die Wallmodensche Aufstellung schloss sich nördlich, gegen das in feindlicher Gewalt befindliche Lübeck, das kleinere, ebenfalls kombinierte Korps des schwedischen Generalleutnants von Vegesack, zu welchem auch die mecklenburg-schwerinischen Truppen gehörten. Dasselbe zählte, nach ungefährer Abschätzung, an aktiver Mannschaft insgesamt wohl nur 7.000 Mann mit 12 oder 18 Geschützen; indes wird seine Stärke sehr abweichend verzeichnet, von 5.395 Mann, worauf, augenscheinlich falsch, die Wallmodenschen Schriften das Korps beschränken, bis »gegen 8.000 Mann«, die der mecklenburgische Historiker Francke ihm gibt, der als freiwilliger Jäger selbst mit darunter war; man kennt den Etat der Schweden nur nach den Bataillonen etc., aber nicht nach der Kopfzahl genau.

Vegesacks Hauptquartier lag zu Grevesmühlen. Voran waren dort teils die 150 Freihusaren des Majors von Schill (eines Bruders des bekannten Ferdinand) mit einiger Infanterie zu Ratzeburg, teils die mecklenburgischen freiwilligen Jäger zu Schönberg und Dassow, die vorliegenden Punkte gegen Grönau, Lübeck und Travemünde besetzt haltend. In der Gegend von Lübeck befanden sich die Vorposten einander sehr nahe, aber südlich von da und längs des ganzen Wallmodenschen Gebietes waren sie durch das zwischen den beiderseitigen Waffenstillstandslinien als neutral bedungene lauenburgische Land getrennt; so dass es den Feldherrn minder leicht werden musste, etwas von einander in Erfahrung zu bringen.

Vegesack stand übrigens nur beschränkt unter Wallmoden. Denn wenn auch vom Kronprinzen angewiesen, in Übereinstimmung mit Wallmoden zu handeln, so sollte er doch im Fall eines Rückzuges vor allem Stralsund decken, das Depot der schwedischen Kriegsbedürfnisse und der englischen Hilfeleistung und den nächsten Kommunikationspunkt mit Schweden. Es war das ähnlich, wie in der Nordarmee selbst der König von Preußen seinen General Tauentzien, durch dessen Korps auch einige Festungen beobachtet werden mussten, zu dem Kronprinzen von Schweden gestellt hatte, während hingegen Bülow den Befehlen desselben unbedingt untergeben war. Dass aus dem eigentümlichen Verhältnisse Vegesacks dem General Wallmoden ebenso, wie es dort dem Kronprinzen, begründet oder nicht, mit Tauentzien widerfuhr, ein Anlass zur Beschwerde entsprungen wäre, davon ist nie etwas vernommen worden.

Durch die angegebenen Aufstellungen waren die Wege, welche die französische Armee, in Betracht der ihr vorliegenden Gewässer bei einem etwaigen Vormarsch einschlagen konnte, in Obacht genommen.

Mit der Mitternacht vom 16. auf den 17. August lief der Waffenstillstand ab. Der Tag, wo der Kampf um Deutschlands Befreiung wieder beginnen konnte, war also der Todestag Friedrichs II. So sagte Körner, der sich als Adjutant Lützows bei demselben zu Büchen befand, hoffend zu seinen Freunden, dass der Genius des großen Königs günstig walten werde für sein Volk.

Während Wallmoden sich schon durch den allgemeinen Plan, ganz abgesehen von der Frage nach dem Verhältnis seiner und der gegnerischen Streitkräfte, an die Defensive gewiesen sah, war es andererseits der Prinz von Eggmühl, der den Vorsatz des Angriffs haben sollte. Allein die gegebene Lage steckte dem Ziele, das er ins Auge fassen durfte, eine ziemlich enge Grenze.

Die Sache im Großen anlangend, so musste er, auf sich allein gestellt, mit dem, was er besaß und was er selbst erst während des Waffenstillstandes in Hamburg sich geschaffen hatte, haushälterisch umgehen, und durfte ebenso wenig wie der General Wallmoden etwas riskieren, weil er von nirgends einen baldigen Ersatz zu hoffen hatte. Auf die Elbstadt basiert, bewahrte diese alle militärischen Subsistenzmittel der Feldmacht, die er aufzubieten vermochte. Unverrückbar musste er die Aufgabe als die erste festhalten, Herr der beiden Elbufer oberhalb wie unterhalb der von ihm befestigten Plätze Hamburg und Harburg zu bleiben, die er durch eine Brücke über die Wilhelmsburg verband, um sich nach den Umständen auf jeder Seite des Flusses bewegen zu können. Vertragspflicht gebot den Schutz des dänischen Verbündeten, und wiederum sicherte der Besitz von Hamburg die Treue dieses Alliierten. Die Behauptung dieses Punktes sperrte den Engländern einen der wichtigsten Handels- und Verkehrswege ins Innere Deutschlands und hemmte ihre Diversionen im nördlichen Deutschland. Bei eintretender kriegerischer Veränderung konnte Hamburg ein vorteilhaftes Operationssubjekt gegen die Oder abgeben. Und im Fall des Friedens war durch dasselbe ein ansehnliches Äquivalent verbürgt. Hamburg durfte also unter keinerlei Umständen bloßgestellt werden – und daraus erwuchs der beschränkende Gesichtspunkt für alle Tätigkeit Eggmühls nach außen.

Über die Vorbereitung des Marschalls zu seinem beabsichtigten aktiven Unternehmen wissen wir hinlänglich, zumal durch Mitteilung des als dänischer Kommissar in seinem Gefolge befindlichen Majors Grafen Dannskiold Löwendal, dessen ›Feldzug an der Niederelbe in den Jahren 1813 und 1814‹ durch den Leutnant von Jahn, der den Krieg ebenfalls mitgemacht, übersetzt und mit wertvollen Bemerkungen begleitet, schon 1818 zu Kiel erschienen ist.

Er zog seine Truppen den 16. August an der jenseitigen Demarkationsgrenze zusammen, und alles war geschehen, um am folgenden Tage die Bewegung durch das neutrale Gebiet stattfinden zu lassen. Um die Aufmerksamkeit seines Gegners längs der ganzen Linie zwischen Ostsee und Elbe gleichzeitig zu erregen, sollte nördlich die Garnison von Lübeck die Gegenden von Dassow, Grönau und Ratzeburg vom Feinde reinigen. Den eigentlichen Stoß aber wollte der Marschall südlich von da gegen die Wallmodensche Stellung an der Stecknitz richten. Zu diesem Zwecke führte er 18.000 Franzosen mit etwa 60 Geschützen und 11.000 bis 12.000 Mann dänische Truppen mit 40 Geschützen ins Feld.

In seiner Armee, worin sich auch Holländer und Belgier befanden, wurde die Infanterie von den Divisionsgeneralen Loison, Thiébault, Vichery und Gengoult, die Kavallerie von dem Divisionsgeneral Wattier, die Artillerie von dem Obersten Ouvier kommandiert. Chef des genannten Auxiliarkorps war der Prinz Friedrich zu Hessen, Neffe des durch Napoleon seiner Länder beraubten hessischen Kurfürsten Wilhelm I., und durch seine Schwester zugleich dem König Friedrich VI. von Dänemark verschwägert. Von diesem dänischen Hilfskorps ließ Eggmühl mehrere Tage lang die größere Masse stets um einen Marsch zurück, wahrscheinlich um die Dänen erst in den seinen eigenen Leuten beigegebenen Abteilungen näher kennenzulernen. Der dänische Name umfasst hier auch die Schleswig-Holsteiner mit, die damals der Krone noch innigst anhingen, deren Sache sie so sehr zu der ihrigen machten, dass sie mit Enthusiasmus unter dem Danebrog fochten. Dies Gros der Dänen befand sich vorläufig an der Straße von Hamburg nach Lübeck, mit dem Hauptquartier des hessischen Prinzen zu Siek, westlich Trittau.

Für die unmittelbare Aktion waren drei Truppenkörper da: nämlich die meist aus deutsch-dänischem Militär unter dem Obersten von Waldeck und einer kleineren Zahl Franzosen gebildete Abteilung des französischen Brigadiers Lallemand; ferner das ebenfalls gemischte, jedoch weit überwiegend aus Franzosen bestehende Korps des Divisionärs Loison; endlich das Hauptkorps, welches die drei anderen französischen Divisionen und einige dänische Truppen enthielt, und bei welchem der Marschall selbst sich befand.

Während nun am 17. die Brigade Lallemand, wie wir sie nennen wollen, rekognoszierend nach Mölln, die Division Loison aber bis Schwarzenbek vorgehen sollte, um zu einer Bewegung gegen Büchen bereit zu sein, war es des Marschalls Absicht, an diesem selben Tage mit seiner eigenen Hauptkolonne gegen Lauenburg zu marschieren. Irregeleitet durch ein falsches Gerücht von einem großen verschanzten Lager bei Büchen, gedachte er, die Position durch rasche Wegnahme von Lauenburg zu überflügeln und dadurch den Grafen von Wallmoden zum Aufgeben des vermeintlichen Hauptpunktes seiner Stellung zu zwingen.

Am Morgen des 17. von Bergedorf aufgebrochen, verfolgte der Marschall die direkte Richtung der Hamburger Straße auf das nur noch eine halbe Meile von Lauenburg entfernte Dorf Schnakenbek, von wo der Weg durch ein beträchtliches Gehölz (auch der Glüsing genannt) weiter nach Lauenburg führte. Als er nun am Nachmittage in dieser Gegend ankam, sah er sich jedoch auf dem Felde zwischen dem Walde von Schnakenbek und der Stadt durch die Handvoll Lützower gehindert, die man mit dem Auftrag hierher gestellt hatte, Lauenburg gegen einen ersten Anlauf des Feindes zu verteidigen.

Die Gefechte bei Lauenburg und Büchen

Der Gedanke, Lauenburg mit den wenigen Mitteln auch nur vorübergehend zu behaupten, war in seiner Durchführung so misslich, dass er nur durch den in der Kombination des Kronprinzen begründeten höheren Zweck, den Fürsten Eggmühl tunlichst lange in einer für das Nordheer unschädlichen Entfernung zurückzuhalten, gerechtfertigt werden konnte.

Den Verteidigern lag im Rücken die Stadt, auf deren Ostseite die nördlich von Mölln herkommende Stecknitz zur Elbe geht. Außer der Brücke der Palmschleuse an der Mündung des Flusses bot sich eine Meile aufwärts nur noch ein einziger, wenig tauglicher Übergang bei dem Dorf Lanze dar. Durch die breiten feuchten Wiesengründe, die den Saum des Gewässers bilden, leitete von der Palmschleuse ein langer schmaler Steindamm nach dem, eine gute Viertelmeile entlegenen mecklenburgischen Hof Horst, über welchen hin es nach Boizenburg ging.

Von Lauenburg westwärts, dem Feinde zu, senkte sich der Boden zu einer wiesigen Niederung, jenseits welcher das Terrain sich allmählich wieder zu dem Walde von Schnakenbek erhob. Die Senkung entlang teilte ein Hohlgraben das Feld in zwei Abschnitte, und stellte in diesem von kleineren Gräben, Erdaufwürfen und Hecken durchschnittenen, teilweise auch mit Korn bestandenen Gelände die Linie vor, durch deren Behauptung die Zurückhaltung des Feindes bedingt war.

Auf dem östlichen dieser beiden Abschnitte hatten die Lützower ihre anfängliche Aufstellung genommen, von dem Wege an, der von Lauenburg nach Büchen führte, bis links über die

Hamburger Straße zur Elbe hin. Zu beiden Seiten dieser Straße, sie beherrschend, hatte man drei unbedeutende Feldwerke aufgeworfen, die zugleich einem Teil der Truppen eine notdürftige Deckung gewährten. Drei eiserne drittehalbpfündige Kanonen, freilich unter der Hand eines tüchtigsten Mannes, des nachherigen Leutnants Gärtner, waren das einzige schwere Geschütz. Mit Tirailleuren von den beiden Bataillonen wurde der vorliegende, damals trockene, große Graben besetzt. An dem Wege von Lauenburg nach Büchen bekamen die Kosaken ihren Platz. Den oberen Befehl über die ganze Verteidigung führte der Premierleutnant von der Heyde.

Als nun am Nachmittage des 17. August der Marschall, aus dem Walde von Schnakenbek hervorrückend, einen Teil seiner Macht am Rande desselben entwickelte, wagte er an diesem ersten Tage so wenig eine Bewegung mit Masse und auf der geraden Straße, dass er sich vielmehr durch die Kaltblütigkeit und das sichere Feuer der Lützower, die stets vorgehend das Terrain klug zu benutzen wussten, an ein bloßes, von den Kanonen begleitetes Schwärmergefecht gefesselt, ja im Grunde auf die Verteidigung verwiesen sah. Er zog sich für die Nacht sogar eine Viertelmeile zurück, um zu biwakieren; er selbst nahm sein Quartier im Grünen Jäger.

»Möglich ist,« so sagt der hier an der Seite Eggmühls befindliche Major von Löwendal, »möglich ist, dass schon die Begebenheiten dieses Tages ihm die Bemerkung aufdrängten, seine jungen Konskribierten und neuen Offiziere seien nicht mehr die alten Soldaten, die er zu kommandieren gewohnt war. Die Dänen kannte er noch nicht.« Das ist im Munde des Gegners unzweideutig genug.

Kritischerweise ist hinterher die Meinung geäußert worden, dass Davout die Lützower schon am 17. zum Weichen hätte bringen können, wenn er die Straße von Schwarzenbek über Krüzen nach Lauenburg benutzt und von der zu Schwarzenbek stehenden Division Loison nur zwei Bataillone abgeschickt hätte, um die Lauenburger Kämpfer in der rechten Flanke zu umgehen. Das würde der Marschall auch unfehlbar getan haben, wenn er nur vorweg mit einem geringen Teil der Sicherheit des späteren Historikers gewusst hätte, was es mit Büchen sei.

Die Erfahrung von der moralischen Überlegenheit dieser Deutschen, mit denen sein Feldzug hier bei Lauenburg sich eröffnete, die Notwendigkeit, seine Mannschaft erst an das Feuer gewöhnen zu müssen, besonders aber die augenblickliche Unwissenheit der Stärke und der Stellungen der Alliierten auf der ganzen Strecke zwischen dem Meer und dem Fluss scheinen die zusammenwirkenden Ursachen gewesen zu sein, weshalb der Marschall sein mehrfaches numerisches Übergewicht auf diesem Punkte nicht sogleich benutzte. Vor allem mochte ihn die Ungewissheit über Büchen lähmen.

Die Späher des Generals Lallemand, von dem vorhin bemerkt wurde, dass er am 17. nach Mölln dirigiert worden sei, hatten um Mittag die unachtsamen Kosaken daselbst überrumpelt und verscheucht. Außer einigen Pferden und einem Gefangenen hatten sie auch Gepäck erbeutet; und unter den von dem Befehlshaber zurückgelassenen Sachen hatten sich auch Briefe gefunden, welche das Gerücht von Verschanzungen bei Büchen zu bestätigen schienen, oder worin wenigstens Büchen als der Hauptort Wallmodens angegeben war.

Wie dem nun sei, es ging auch am zweiten Tage bei Lauenburg das Tirailleur- und Artillerie-Gefecht unter der einsichtigen Leitung von der Heydes glücklich für die Unsrigen fort. Zur Unterstützung war unterdessen am frühen Morgen das Jägerdetachement des zweiten Bataillons von Boizenburg herangezogen. Von diesem hatten Tags zuvor, beim ersten freudigen Tone des von Lauenburg herüberschallenden Kanonenfeuers, mehre Leute sich in einen Kahn geworfen, um nach einer Elbinsel zu gelangen, von wo sie eine Schwadron polnischer Lanciers beschossen, die überrascht davonjagten.

Nachdem man nun bei Lauenburg am Morgen des 18. bereits längere Zeit zwischen dem Graben und der jenseitigen flachen

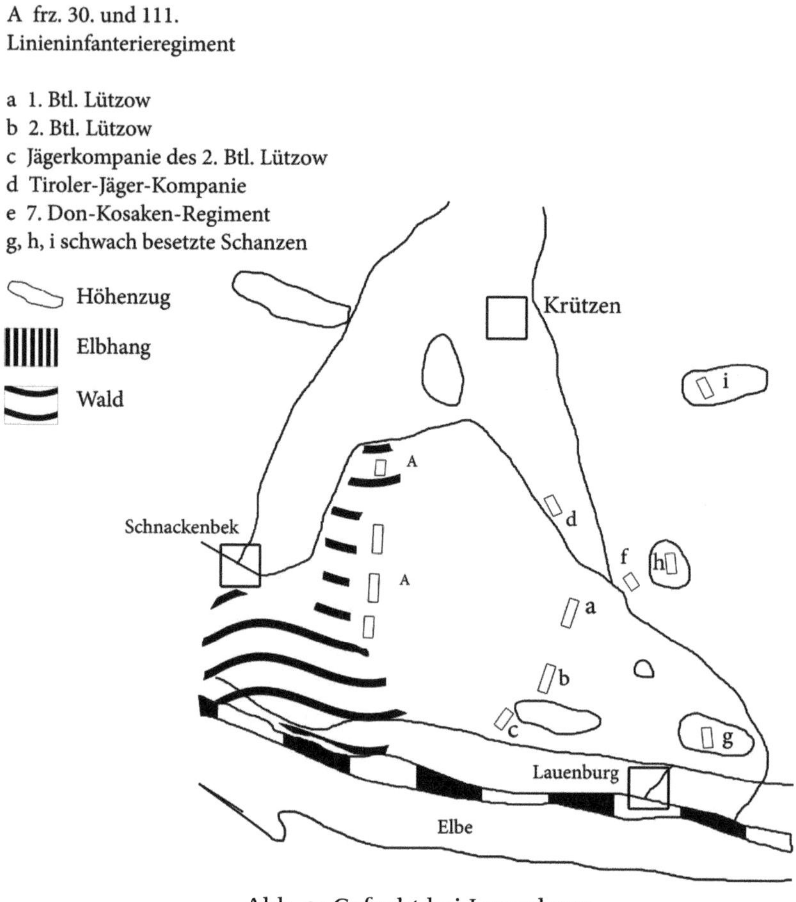

A frz. 30. und 111.
Linieninfanterieregiment

a 1. Btl. Lützow
b 2. Btl. Lützow
c Jägerkompanie des 2. Btl. Lützow
d Tiroler-Jäger-Kompanie
e 7. Don-Kosaken-Regiment
g, h, i schwach besetzte Schanzen

Höhenzug

Elbhang

Wald

Krützen

i

Schnackenbek

A

d

f

h

a

A

b

c

g

Lauenburg

Elbe

Abb. 2: Gefecht bei Lauenburg

Ansteigung tirailliert hatte, führten die Verteidiger gegen die
Stellung des Feindes einen Angriff mit solchem Erfolge aus,
dass derselbe ihnen sein bisheriges Terrain preisgeben und seine Geschütze auf einer dem Walde näher befindlichen Anhöhe
in Sicherheit zu bringen bedacht sein musste. Die Wegnahme
dieser Höhe wurde ebenfalls versucht, gelang aber nicht.

Diese Waffentat war aus purer Kampffreudigkeit unternom-
men, nicht weil man geglaubt hätte, sich in solcher Entfernung

von dem eigentlichen Verteidigungsmittel, dem unter dem Schutze der eigenen Kanonen befindlichen Graben, behaupten zu können. Auch lag ein derartiges Vorgehen außerhalb der Aufgabe des wackeren Kommandeurs. Dieser ließ daher die Truppen ihre vorige Stellung wieder einnehmen, und wurde in seinem freiwilligen Rückzuge so wenig gestört, dass die Gegner sich vielmehr eine längere Weile gar nicht wieder auf dem verlassenen Raume blicken ließen, wodurch das Gefecht um die Mittagszeit mehre Stunden ganz eingestellt blieb.

Danach fingen die Franzosen die Tiraillerie mit verstärkten Kräften wieder an. Allein obgleich ihre Kampfweise nunmehr selbst einen Grad von Heftigkeit zeigte, gewannen sie doch den Graben nicht. Am Abend versuchten sie, durch eine Bewegung in Sturmkolonne der Lage die entscheidende Wendung zu geben, welche ein Tirailleur-Gefecht wegen der geringen Intensität des Kampfes, trotz langer Dauer, die ihm leicht den Anschein großer Hartnäckigkeit verleiht, niemals herbeiführen kann. Indes auch dieser Angriff wurde abgewiesen. So trat die Dunkelheit ein, ohne dass die Lützower bis dahin auch nur einen Fußbreit Landes verloren hatten.

Am Nachmittag waren Tettenborn und Lützow selbst an Ort und Stelle gewesen. Wie gut aber auch das Gefecht ging, war doch anzunehmen, dass Davout sich nicht lange mehr über die Schwäche seines Gegners täuschen und bald von seiner Überlegenheit Gebrauch machen werde. Auch hatte sich an diesem Tage schon in der Gegend von Büchen der Feind gezeigt. So musste an die Möglichkeit gedacht werden, dass die Franzosen von der Seite her den Kämpfern von Lauenburg bei längerem Aufenthalt den Rücken abgewinnen mochten. Tettenborn fand es daher ratsam, im Fall eines neuen ernsthaften Angriffs die Sache hier aufzugeben. Es sollten deshalb die Geschütze in der Nacht abgefahren werden, die Schanzen jedoch noch von einem Teile der Mannschaft besetzt bleiben. Dadurch konnte ein Unglück geschehen, wenn der Feind die Landstraße entlang einen energischen Stoß ausdauernd vollführte und zugleich Reiterei in Anwendung brachte. Nachdem man bei 36 Stunden abwechselnd im Feuer gestanden, erwartete man festen Fußes, was die Nacht bringen werde. Das Jägerdetachement des zweiten Bataillons war nach Boizenburg zurückgeschickt, mit dem Befehle, die dortigen Elbkähne zu zerstören.

Während das am 18. bei Lauenburg geschah, hatte der General Lallemand, der die Nacht vorher in Mölln geblieben war, die Stadt am Morgen zeitig wieder verlassen und sich nach Schwarzenbek zurückbegeben, wo sich die Division Loison befand. Er war dann, dieser vorauf, wieder umgekehrt, den Weg nach Büchen einschlagend, wo er am Abend des 18. bei der Meierei Müssen, nicht weit von der Stecknitz, Stellung nahm. Verbündeterseits war das über den Fluss vorgeschobene Kosakenpiket nach unbedeutendem Geplänkel zurückgenommen und die Brücke zerstört, so dass nur noch das schmale Wasser die beiden Parteien trennte. In solcher Nähe an dem Ort wird man denselben als ungefährlich erkannt haben. Und hierin liegt wohl die Erklärung, dass der Marschall nun nicht länger säumte, die Schranke, die ihn bei Lauenburg aufgehalten, entschlossen zu sprengen.

In der dunkeln Frühe des dritten Tages, den 19. August nach zwei Uhr, als unter einem starken Regen die Gewehre versagten, ließ er zwei Bataillone im Sturmschritt auf der Landstraße gegen Lauenburg losbrechen. Die noch im Felde befindlichen Verteidiger waren auf ihrer Hut und zogen sich in guter Ordnung nach der Stadt zurück. Hier blieb jedoch vor dem feindlichen Ungestüm nicht die Möglichkeit, sich zu setzen; sie mussten auch über die Palmschleuse nachgeben. Der Versuch, diese Brücke abzubrennen, gelang nicht, weil das feuchte Stroh nicht fing und die nacheilenden dänischen Jäger gleich zur Stelle waren.

Die Raschheit des Andrängens der Feinde hatte die Folge, dass die im Freien ausgestellt gewesenen Pikets nicht konnten zurückgerufen werden. Die retteten sich indes bei Lanze, oder schwammen durch die Stecknitz, oder halfen sich an langen Stangen hinüber, welche je zwei auf ihren Schultern über dem Bette des Flusses hielten, dass die Anderen mit den Händen daran fortschweben könnten. Schlimmer noch war, dass man in der Stadt selbst kein Vorsehen für den Rückzug getroffen hatte. Es wäre dies zunächst an Tettenborn und Lützow gewesen, als sie den Nachmittag hier durchkamen; wenigstens hätten sie, Angesichts des schon vermuteten Falles, die in Lauenburg befindlichen Verwundeten und Ermatteten fortschaffen lassen müssen. Da nun das Rückzugsgefecht rasch durch den oberen Teil der, unmittelbar von der Elbe an deren hohem Ufer terrassenförmig aufsteigenden Stadt vor sich ging, so wurde man in der unteren Stadt kaum etwas davon gewahr; und dadurch geschah es, dass das feindliche Vordringen zu einer Überrumpelung werden konnte, insofern durch die Besetzung der Brücke an der Palmschleuse allen, die sich noch in Lauenburg befanden, die Entweichung abgeschnitten war. Doch sollen diese Unglücklichen, soweit ihr Zustand es ihnen erlaubte, später noch durch die Hilfe der Bürger und über die Wiesen längs der Elbe den Händen ihrer Häscher wieder entronnen sein.

Nachdem nun Lauenburg forciert worden, hatte das offene Büchen mit seiner geringen Mannschaft keine Bedeutung mehr. Man war deswegen am Morgen des 19. bereits im Abmarsch begriffen, als drüben der Feind, dem unterdessen der General Loison von Schwarzenbek gefolgt war, auf dem Stecknitz-Damm sich zu rühren begann. Schon wussten die feindlichen Voltigeure den Übergang über das Wasser zu bewerkstelligen und dem Ort näher zu kommen. Dies war für die Lützower eine Aufforderung, Halt zu machen und noch einige Kugeln zu wechseln. Weil jedoch an einen ernsthaften Abweisungsversuch nicht gedacht werden durfte, so wurde gegen Nachmittag das Dorf verlassen. Nach Aussage der Einwohner hätte dies kurze

Kampfspiel den Lützowern 18 Tote und eben so viele Verwundete geraubt.

Welche Einbuße die Tage von Lauenburg den beiden Teilen eigentlich gekostet, das lässt sich nicht mit Gewissheit sagen. Die Angaben der beiden ursprünglichen Schriftsteller, auf die man für diesen Punkt ausschließlich angewiesen ist, sind nicht genau. Die ›Geschichte des Lützowschen Freikorps von Ad. S.‹, Berlin 1826, (Oberst Schlüsser, der 1815 als Lützowscher Secondleutnant vorkommt, und der offenbar die Papiere des Lützowschen Stabes zur Benutzung hatte) nennt 143 Tote und Verwundete auf Seiten der Lützower bis zum Abend des 18. August, schweigt aber von hernach. Der Graf Löwendal drückt sich auffallenderweise so aus, dass Leser, die es nicht besser wissen, glauben müssten, es habe vor Lauenburg nur einen Gefechtstag gegeben; und für dieses Gefecht schlägt er den französisch-dänischen Verlust zu »ungefähr 300 Toten und Verwundeten und zehn bis zwölf Offizieren« an. Es bleibt also fraglich, wie viele am zweiten Tage, da alliierterseits die Tiroler, unter denen sich sehr tüchtige Schützen befanden, erst recht in Tätigkeit traten, und dann in der Nacht zum 19. draufgegangen sind. Beim Eindringen in die Stadt und bei dem Kampfe in den Straßen, sagt Löwendal, seien den Franzosen, »außer einem Teile Toter und Verwundeter, gegen 100 Gefangene in die Hände gefallen.«

Als gegen Mittag die französische Kolonne durch Lauenburg zog, und der Marschall ihr folgte, ritt der Major Löwendal neben ihm. Bei einer abgelegenen Gasse sah man einen Soldaten von Lützow, dem in der Nacht der eine Arm zerschmettert worden, und der mit einem totenähnlichen Gesicht, unverbunden, aus einem Versteck hervorgekommen war, worin er wahrscheinlich mehre Stunden zugebracht hatte. Sofort wurde er von vier französischen Soldaten überfallen, die ihm unter Beschimpfungen die Bajonette auf die Brust setzten und ihn zu ermorden drohten. Löwendal stürzte sich zwischen die Unmenschen, hielt ihnen das Ehrwidrige ihres Benehmens gegen einen Wehrlosen vor, und brachte den Verwundeten bei einem französischen Chirurgen in Sicherheit.

Wie beklagenswert nun auch das letzte Missgeschick und der Tod so vieler Braven, die der voraufgegangene Kampf hingerafft, immerhin sein mag, so hatte doch der Ausgang bei Lauenburg umso mehr alle Erwartung übertroffen, je mehr die Absicht ursprünglich bloß auf einen ersten ungefähren Widerstand hatte eingeschränkt sein können. Die Wichtigkeit der Begebenheit bestand in dem Zeitverlust von wenigstens zwei Tagen, den man dem Marschall Davout zugefügt hatte. Dies war aus dem Gesichtspunkt der dem General Wallmoden gestellten Aufgabe ein bedeutendes Resultat. Denn in der Zwischenzeit konnte auf dem Hauptkriegstheater bei Berlin schon manches geschehen sein. Überhaupt musste in dem Maße, als der Marsch des Fürsten Eggmühl sich verzögerte, die Hoffnung sich heben, dass der Augenblick für sein Eingreifen in den bei Napoleon vorausgesetzten Plan werde vereitelt werden.

Und mit der klaren Erkenntnis in jedem Einzelnen, um was es sich hier handelte, hätte für diesen großen strategischen Zweck nicht mehr erreicht werden können, als was der ritterliche Mut dieser Streiter, deren größter Teil jetzt zum ersten Mal den praktischen Krieg kennenlernte, bei Lauenburg unbewusst leistete. Wie sehr auch andere, von uns schon angedeutete, Umstände und fortdauernd noch die Unkunde über die Verhältnisse der Alliierten, der abzuhelfen nicht leicht jemand geneigt sein mochte, zu den Zögerungen des französischen Generals mitgewirkt haben mögen, immer wird man den moralischen Eindruck, den ihm die Festigkeit der Lützower gegeben, als ein stark wirkendes Motiv ansehen müssen, um die Bedächtigkeit bei Lauenburg und in den folgenden Tagen an einem Mann zu erklären, den seine früheren Kriege als einen nachdrucksvollen, wenn auch stets besonnenen Feldherrn bekannt gemacht hatten.

Die Marschgefechte des 21. August

Von Lauenburg abgezogen hielten sich die Lützower am 19. August morgens noch bis neun Uhr bei Horst. Dann erst, nach einem mehrstündigen Gefecht, überließen sie den Franzosen das Defilee und diesen Ort, der eine Art Brückenkopf bildete. Allein obgleich der Feind hier nur noch eine Meile von Boizenburg entfernt war und kein natürliches Hindernis mehr entgegenstand, geschah seinerseits doch nichts, um den gewonnenen Vorteil schnell zu benutzen. Das Hauptquartier des Marschalls blieb am 19. zu Lauenburg. Auch über Büchen ging der Feind am 19. noch nicht hinaus. Das dänische Korps des Prinzen Friedrich war am 18. über Trittau nach Schwarzenbek gerückt, und verweilte daselbst noch die Nacht zwischen dem 19. und 20. August.

Nach Verlassung der Stecknitz zogen sich die Lützowschen Truppen und die Kosaken von Lauenburg und von Büchen auf den vorbestimmten Vereinigungspunkt beim Hof Gresse, eine Meile nördlich von Boizenburg, hinter die Boize; ein Flüsschen, das, aus der Gegend von Zarrentin kommend, ungefähr parallelen Lauf mit der Stecknitz hält und bei Boizenburg in die Elbe mündet. In Sicht des Feindes hatte man nur eine Nachhut von Kosaken gelassen, die unter beständigem Geplänkel seine Bewegungen beobachteten.

Am 20. gingen die Lützower und die übrige Abteilung Tettenborns von Gresse ostwärts in die von mehren kleinen Gewässern durchschnittene Gegend vor Wittenburg zurück. Tettenborn befand sich zu Schildfeld, einem Forsthofe, bei welchem die, über Camin herkommende und daselbst durch die Wittenburger Motel verstärkte, Schilde sich mit der Schaale, dem südlichen Abfluss des Schaalsees, verbindet. Wallmoden war zu Kloddram, nahe bei dem Kirchdorf Vellahn.

Die bemerkten Gewässer bildeten gleichsam eine zweite Linie diesseits der Stecknitz, da sie hin und wieder dem Übergang einige Schwierigkeit verursachen konnten. Die Landstraße aus Boizenburg führte zunächst bei Zahrenstorf über die Schaale, deren Brücke Wallmoden zerstören ließ. Dann zweigte sie sich in die östliche Richtung über Vellahn nach Hagenow, und in die nordöstliche nach Wittenburg. Letztere zog sich ziemlich nah an der Schaale und Schilde hinauf über Bengerstorf, Schildfeld, Camin der Stadt zu.

Bisher war nun von Seiten des Marschalls im Grunde noch nichts geschehen, was einen bestimmten Zweck verraten hätte. Erst an dem genannten Tage, den 20., wurde von ihm ein unbedeutender Schritt vorwärts getan. Er ließ seine Hauptmacht bis Boizenburg avancieren (wo man ihm 30.000 Portionen Brot, Fleisch und Branntwein liefern musste), und nahm am Abend sein Quartier nahe nördlich in dem Hofe Schwartow an der Boize.

Dies Gros hatte nunmehr eine Haltung, wie wenn das Ziel Berlin wäre. Unterdessen mussten, zur Linken des Hauptkorps, die Truppenteile von Lallemand und Loison, mit denen man es bei Büchen zu tun gehabt, die Boize passieren. Diese bogen aber, statt der rückgängigen Bewegung der Lützower von Gresse zu folgen, noch am 20. links ab und breiteten sich zwischen Gresse und dem nordwärts davon gelegenen Gallin aus, sodass sie die Richtung nach Wittenburg verfolgen zu wollen schienen. Am 21. bemerkte man dann, dass von dem Korps Davout eine Avantgarde rechts vorgesetzt wurde, als gelte es, längs der Elbe hinauf zu marschieren, wo Dömitz der Fährort über den Fluss war.

Diese Wahrnehmungen bewogen den Grafen Wallmoden, am 21. August mit 6.000 Mann Infanterie, 3.000 Mann Kavallerie und einer Anzahl Geschützen eine Stellung einzunehmen von Vellahn über Goldenbow bis Camin, in der Gabelung jener beiden Wege, die von Boizenburg nach Hagenow und nach Wittenburg ausgingen. Durch Hügelreihen und Holzungen boten sich hier heimliche Orte dar. Vellahn und Camin, die beiden Endpunkte der Aufstellung, waren in gerader Linie beinahe eine Meile auseinander.

Die hierbei verwendeten Truppen waren: das Lützowsche Korps, welches den äußersten linken Flügel bei Vellahn bildete, das Freibataillon Reiche, die (1350) Kosaken Tettenborns, die (im Wallmodenschen Korps eine eigene Division ausmachende) Infanterie der russisch-deutschen Legion unter dem Generalmajor (ehemaligen herzoglich oldenburgischen Obersten) von Arentschildt, die zwei Husarenregimenter dieser Legion und die Husaren der englisch-deutschen Legion unter dem Generalmajor von Dörnberg. Zwischen den genannten beiden Endpunkten gab es nur Reiterei, und auf der Höhe vor Goldenbow einige russisch-deutsche Artillerie. Die Masse des Fußvolkes der russisch-deutschen Legion Legion, fünf Bataillone, mussten der Straße nach Hagenow nahe bleiben, nämlich bei Kloddram, rechts hinterwärts von den Lützowern, in welcher Gegend sich auch Wallmoden selbst befand. Ein Bataillon dieser Legion war nach Camin gelegt; und da hinaus hielt auch General Dörnberg mit der englischen Reiterei und Artillerie. Die offene Ebene von Camin westwärts bis zum Schaalsee wurde durch einige Kavallerie beobachtet.

Seine übrigen Truppen, darunter namentlich die ganze andere, sogenannte englische Infanteriedivision, welche die Hannoveraner, Lauenburger, Hanseaten u. s. w. umfasste und von dem großbritannischen Generalmajor Lyon kommandiert wurde, hatte Wallmoden von Wittenburg nach Hagenow gezogen, wo er sie als Reserve beisammen hielt.

Da Wallmoden nicht in dem Falle war, das Wagnis eines ungleichen Kampfes zu suchen, vielmehr sein Entschluss sich nach der Absicht modifizieren musste, die sein Gegner verfolgte, so war es bei der dargestellten Maßnahme und bei dem Anscheine, dem er sich dadurch gab, als wolle er dem Prinzen Eggmühl beide Wege, nach Hagenow und nach Wittenburg, vertreten, zunächst bloß darum zu tun, über das eigentliche Vorhaben desselben zur Gewissheit zu kommen: ob Eggmühl eine Linksschwenkung ins Innere Mecklenburgs hinein oder die nächste Richtung nach Berlin einzuschlagen beabsichtige. Bei letzterer Eventualität hatte Wallmoden dahin zu streben, dass er seinerseits diese Straße auf der kürzeren Linie erreichen könnte.

Am Nachmittag des 21. August überschritt die französische Armee die Schaale. Von ihren drei Kolonnen ging die linke, welches die Brigade Lallemand war, dem Wittenburger Wege nach über Schildfeld auf Camin; die beiden anderen rückten rechts von dieser Straße auf Nebenwegen vor, und zwar schlug sich die Division Loison, als mittlere Kolonne, gegen Goldenbow, der Marschall selbst aber, den rechten Flügel bildend, nahm die Richtung auf Marsow. Es ist dies ein Hof, eine halbe Meile nordwestlich von Vellahn und der Straße entfernt, die über letzteren Ort von Boizenburg nach Hagenow ging. Die Masse der Dänen stand noch zurück; sie war in der Nacht vom 21. auf den 22. erst bei Gresse.

Der französische Feldherr hatte sich, so scheint es, durch seine anfänglichen Demonstrationen und durch die nachfolgende Art seiner Vorrückung den Vorteil verschaffen wollen, dass er die Aufmerksamkeit und die Kräfte seiner Gegner teilte. So geschah es, dass gegen Abend des 21. August ein Teil der Wallmodenschen Aufstellung Gelegenheit erhielt, sich mit dem Feinde zu engagieren. Als etwa um fünf Uhr die Avantgarde des Korps Davout aus Marsow hervorkam, wo die Gegend zwischen Mooren und Gehölzen eine Mündung abgab, waren die Artillerie und die Bagage, die der Spitze zu schnell folgten, dermaßen in das Defilee gekommen, dass sie weder vor- noch rückwärts konnten und den Rest der Truppen am Vorrücken hinderten.

Man marschierte mit zu großem Vertrauen auf den Rückzug Wallmodens. Allein unversehens brach Kavallerie desselben aus den verdeckten Stellungen hervor; es entstand Unordnung unter den Franzosen; und Löwendal selbst bekennt, dass, wenn Wallmoden einige Tausend Mann Fußvolk in Tätigkeit gesetzt hätte, dieser Tag dem Fürsten Eggmühl viel gekostet haben würde. So aber gewann die französische Infanterie Zeit, sich zu besinnen; sie machte nach allen Seiten Front, und die wiederholten Angriffe der Reiter wurden vereitelt.

Der genannte Erzähler erklärt den auffallenden Umstand, dass deutscherseits der Augenblick bei Marsow nicht besser benutzt und gar keine Infanterie gezeigt wurde, ziemlich zutreffend aus der Voraussetzung, dass Wallmoden »eine bloße Demonstration« beabsichtigt habe. Auch findet er es wahrscheinlich (wobei er sich jedoch irrt), dass man der russisch-deutschen Legion nur wenig getraut habe. Von der Kavallerie dieses Korps desertierten hier 25 Mann zum Feinde, meist geborene Franzosen. Die mochten der stärkeren moralischen Triebfeder, die auf sie wirkte – der nationalen – gefolgt sein; indes es hat Grund, was Löwendal hinzufügt, dass das Ausreißen aus der Legion während der ganzen Kampagne sehr häufig gewesen sei. Es waren nun eben so viele Nichtdeutsche darunter, namentlich aus den Niederlanden. Andere waren bloß eingetreten unter dem Eindruck der furchtbaren Leiden in Russland, um aus dem Lande und aus der Gefangenschaft loszukommen; und wie manche Deutsche gab es nicht damals, die durch das System ihrer Regierungen demoralisiert waren! Die Legion im Ganzen war, Dank den Einflüssen und Bestrebungen ihrer, meistens preußischen, Offiziere ein respektables Korps.

Nach Bewältigung des Hindernisses, welches die alliierte Kavallerie ihm entgegensetzen zu wollen geschienen hatte, blieb der Marschall bei Marsow stehen, ohne seinerseits etwas offensives weiter zu unternehmen, als matte Demonstrationen in der Richtung nach Kloddram, wo hinter Holzungen das russisch-deutsche Fußvolk stand. Dabei lief es aber wesentlich auf Flintenschüsse aus der Ferne und auf eine Kanonade hinaus, die bis in die Nacht dauerte. Davout wollte, wie es scheint, durch seinen Stillstand bloß noch von den Wallmodenschen Streitkräften im Schach halten, während der General Loison gegen die Mitte der feindlichen Position, die er den Umständen zufolge für den stärksten Punkt halten mochte, nämlich gegen die Windmühlenhöhe von Goldenbow operierte.

Bei Goldenbow waren die Franzosen der angreifende Teil. Der vor dem Ort mit seinem zweiten russisch-deutschen Husarenregiment aufgestellte Oberstleutnant Dohna, dem kein Fußvolk beigegeben war, hatte die erwähntermaßen auf der Höhe postierten russisch-deutsche Kanonen weggeschickt, weil ihm die Passage durch die im Rücken liegenden, von Gräben durchzogenen Wiesen eventuell zu gefährlich deuchte. Als nun die feindliche Attacke zugleich mit grobem Geschütz und mit dem Feuer zahlreicher Tirailleure aus zwei von diesen besetzten kleinen Holzungen heraus begann, sah sich Graf Dohna geraume Zeit wie wehrlos bloßgestellt, indem die Örtlichkeit ihm kein aktives Unternehmen möglich machte.

Das Regiment, welches nach eigener Angabe elf Tote, 24 Verwundete und 75 Pferde verlor, hielt jedoch, befeuert durch das Beispiel seines Chefs und seiner Offiziere, festen Stand, bis einerseits aus der Gegend von Camin der General Dörnberg mit Reiterei und Artillerie zur Hilfe kam, und andererseits von Kloddram her eine kleine Abteilung Infanterie eintraf, die Gehölze säubernd, und der Angriff der Feinde energisch zurückgewiesen wurde. Seitdem scheint sich auch hier die Tätigkeit der beiden Teile mehr auf den Kampf aus der Ferne durch Kleingewehr- und Geschützfeuer beschränkt zu haben. Die erwähnte Schrift über Wallmoden scheint überhaupt das Unternehmen der Franzosen an diesem Punkte auf die bloße Absicht einer Rekognoszierung einschränken zu wollen. Sei dem so oder anders, es war rühmlich genug, dass die Unseren ihren Platz behaupteten, den sie erst hernach, als Wallmoden es für passend hielt, freiwillig räumten, indem sie noch Vorposten im Angesicht des Feindes stehen ließen.

Nachdem Wallmoden bereits die Überzeugung gewonnen hatte, dass Marschall Davout die vermutete Intention einer Diversion nach Berlin jetzt unmittelbar noch nicht habe, sondern dass es ihm augenblicklich ernsthaft um Wittenburg, also um die Straße nach Schwerin zu tun sei, wäre der Versuch, ihn wirkungsvoll an dieser Richtung zu hindern, geradezu töricht gewesen; es würde so viel geheißen haben, als der Sicherstellung von Schwerin, einem geringfügigen Interesse, den allgemeinen Zweck des großen alliierten Operationsplanes zum Opfer bringen.

Auf dem äußersten rechten Flügel der Wallmodenschen Aufstellung war das Kirchdorf Camin mit dem vierten Bataillon der russisch-deutschen Legion unter dem Major von Horn besetzt, und in das nahe davor befindliche Buchengehölz waren Tirailleure gelegt. Letztere griffen den Feind bei seiner Herankunft gegen sechs Uhr an, und auch die Besatzung des Dorfes marschierte zu seinem Empfang auf. Es entspann sich ein Gewehrfeuer, in welches die Feinde auch Kanonenschüsse mischten. Auf französischer Seite wurde hier der Oberst von Waldeck, als er mit der äußersten Spitze in das Holz einritt, im Gesicht verwundet.

Der Übermacht den Wald preisgebend, zogen sich die Verteidiger, mit dem selbstangegebenen Verlust von drei Toten und einigen 20 Verwundeten in das Dorf zurück, welches sie noch bis neun Uhr besetzt hielten. Ein weiterer Kampf scheint nicht mehr stattgefunden zu haben; der Feind trat nicht über den Wald hinaus, vielleicht weil unterdessen bei Goldenbow die Sache ernsthaft geworden war. Um die angegebene Zeit verließen die Wallmodenschen auf erhaltene Ordre das Dorf, und die Avantgarde Lallemands rückte, ohne noch einen Schuss abzufeuern, hier ein. Diesem folgten noch Truppen von Loison, dessen Division die Nacht bei Goldenbow und Camin blieb.

Als am 22. das dänische Korps von Gresse her durch Camin kam, war das Dorf fast menschenleer. Unter den Beweisen von Mutwillen und Bosheit der Vorgänger fand man auch ein mit dem Bajonett durchstochenes Kind von vier bis fünf Jahren, das noch lebte und das von einem dänischen Chirurgen die Hilfe bekam, welche der Augenblick zuließ.

Die Nacht vom 21. verging ruhig. Der Marschall und seine Truppen, noch in der Gegend von Marsow, biwakierten auf der Stelle, wo der Bagagetrain abgestellt wurde.

Unter den Vorfällen des 21. August sah man nicht bloß Tettenborn, sondern auch Wallmoden, um den Truppen ein Beispiel zu geben, sich wiederholt dem Feuer aussetzen und die schönsten Proben persönlichen Mutes ablegen. Bei einer solchen Gelegenheit wurde am Abende in der Gegend von Kloddram, als Wallmoden wieder einmal in den Bereich der feindlichen Kugeln hineinritt, dem in seiner Suite befindlichen Prinzen Adolph, viertem Sohne des regierenden Herzogs Friedrich Franz zu Mecklenburg-Schwerin, das Pferd unterm Leibe getroffen.

Andererseits äußert der Graf Löwendal über das Verhalten des Fürsten Eggmühl in dieser Anfangszeit seines Augustfeldzuges: »Er fühlte wahrscheinlich, dass er sich nicht zu sehr auf sein Armeekorps verlassen könne, sondern alles selbst sehen und leiten musste. Er hatte nirgends Ruhe, fand sich in jedem Scharmützel bei der Spitze ein, ordnete und visitierte eine jede Postierung, bis er eine größere Übung der Truppen bemerkte. Es ist sonst für einen en-Chef-Kommandierenden leicht ein Fehler, wenn er sich zu sehr mit den Kleinigkeiten beschäftigt, dass diese Details seine Ideen beengen und den Plänen im Großen schaden können; allein unter den Umständen war Davouts unruhige Wachsamkeit, die überhaupt mit seinem unbegrenzten Diensteifer zusammenhing, eine Tugend, wenngleich sein misstrauischer Charakter einigen Anteil daran haben mochte.« Von den Adjutanten des Marschalls wurde am 21. einer getötet; am Tage vorher war einer verwundet; und am Tage danach, den 22., wurde einer von den Kosaken gefangen, die ihn, nachdem sie ihn in einem Walde ausgeplündert hatten, wieder gehen ließen.

Es war freilich nicht leicht, für die Begebenheiten des 21. August eine Gesamtbenennung zu finden; indes möchte die, welche durch Varnhagen von Ense, mittelst seiner ›Geschichte der Kriegszüge des Generals Tettenborn‹, Stuttgart 1814, aufgebracht worden ist, am wenigsten glücklich gewählt sein. Auf seine Autorität wird der 21. August als Gefecht bei Vellahn bezeichnet. Bei Vellahn aber standen, wie gesagt, die Lützower; und die haben keinen Schuss getan; sie haben, durch die vorliegenden Holzungen gehindert, nicht einmal einen Feind zu sehen bekommen, außer einigen Gefangenen, die man ihnen zu behüten brachte. Sie hatten derweilen ihre Lust mit den schönen Mänteln, dergleichen das Korps bisher noch nicht besessen, und die der Kronprinz aus seinen reichen englischen Magazinen zu Stralsund ihnen gerade gespendet hatte.

Eben so ist Varnhagen, teils im Missverständnis von patriotischer Geschichtsschreibung nach dem Geschmacke der ersten Schriftsteller, teils seiner Befreundung mit Tettenborn nachgebend, bei welchem er sich (nachdem er 1809 in der österreichischen Armee, wo auch Tettenborn damals diente, der Schlacht von Wagram beigewohnt, jetzt) mit dem Grade eines russischen Kapitäns als Sekretär befand, der Urheber gewisser Übertreibungen geworden, welche Andere dann in gutem Glauben nacherzählt haben. Die ganze Linie des Feindes soll bei Vellahn im Feuer gewesen sein, das bis in die Nacht dauerte; kaum 5.000 Mann Alliierte sollen in diesem Gefechte gegen 20.000 Franzosen gestanden haben; und allein bei einer Verfolgung durch Tettenborns Kosaken sollen 400 Feinde auf dem Platz geblieben sein.

Dahingegen meint Löwendal, dass der Verlust an Toten und Verwundeten wohl auf beiden Seiten gleich gewesen sei, nämlich ungefähr 30 bis 40 Mann; eine Angabe, die sich jedoch, wie es scheint, bloß auf die eine Affäre bei Marsow beziehen soll. Von dem ungenannten Verfasser der Schrift über Wallmoden wird gesagt, dass das ganze Gefecht den Verbündeten etwa 200 Tote und Verwundete gekostet habe, und dass der Verlust auf beiden Seiten ganz gleich gewesen sein möge.

Jedenfalls war die Begebenheit bedeutend genug, um zu der Erwartung zu berechtigen, dass drei Schriftsteller, die sozusagen als Augenzeugen referierten, zusammen das Material zu einem genaueren und zuverlässigeren Bilde liefern würden, als ich hier aufzustellen vermochte, wenn nicht der Fantasie das Recht eingeräumt werden sollte, die Lücken auszufüllen. Bei der Beschaffenheit unserer primären Quellen werde ich nicht den Mut haben dürfen, mein Ergebnis als zweifellos hinzustellen, vielmehr erachte ich es für Pflicht, selbst darauf aufmerksam zu machen, dass sich in dem 1860 erschienenen, viele Vorzüge in sich vereinigenden, aus den gründlichsten Studien hervorgegangenen und schön geschriebenen Werke des preußischen Hauptmanns von Quistorp (›Die Kaiserlich Russisch-Deutsche Legion‹) teilweise eine andere Vorstellung darbietet.

Der kriegspolitische Gewinn des Tages für Wallmoden war, dass er seinen Zweck erreicht und die Absicht des französischen Feldherrn erkannt hatte, ohne dass diesem die Möglichkeit zu einer Beurteilung der Stärke seines Gegners wäre geboten worden.

Gegenteilige Bewegungen
bis zum 24. August

Nach diesem sogenannten Gefechte bei Vellahn zog Wallmoden, ohne eine Belästigung zu erfahren, in der Nacht alle seine Truppen auf Hagenow zurück. Hier war am Morgen des 22. August sein ganzes Korps versammelt. Die Abteilung Tettenborn mit den Lützowern befand sich am 22. als Nachhut bei Toddin, auf der damaligen Poststraße von Vellahn nach Hagenow.

An demselben Tage konzentrierte sich Davout bei Wittenburg, 4 Meilen von Schwerin. Er selbst hatte seinen Aufenthalt in jener Stadt. Seit Lauenburg hatte sich sein Hauptquartier in drei Tagen nur fünf Meilen fortbewegt. Die Brigade Lallemand und die Division Loison rückten am 22. auf dem Schweriner Wege über Dreilützow bis Parum vor.

Von Parum führte dieser Weg damals weiter über Walsmühlen, wo sich der Pass über die wiesenreiche Sude befand, nach Stralendorf. Hier war der Scheidepunkt zweier Richtungen nach Schwerin: der östlich fortlaufenden Wittenburger Poststraße über Pampow und Wüstenmark um den der Stadt vorliegenden Ostorfer See herum, und eines anderen nordöstlich gehenden Weges über Neumühl am entgegengesetzten Ende eben dieses Sees vorbei. Die letztere Richtung über Neumühl hatte der Marschall für sich gewählt. Schon am 23. zwischen fünf und sechs Uhr nachmittags zogen die genannten Vortruppen in Schwerin ein. Die Brigade Lallemand kampierte auf der Nordseite, bei Großen Medewege an der Straße nach Wismar.

Loison selbst besetzte die Stadt, zunächst aber in der südlichen Umgebung Ostorf. Es war dies eine Hügelfläche, die sich zwischen dem gleichnamigen See und dem (damals noch nicht so weit wie gegenwärtig ausgedehnten) Schlossgarten auf der Mittagseite der Stadt erhob. Hier trafen zu jener Zeit zwischen dem Ostorfer See und den städtischen Gewässern die Poststraßen von Wittenburg, Hagenow und Ludwigslust zusammen und da hinaus, gen Mittag, konnte man das Korps Wallmoden vermuten.

Die übrige Eggmühlsche Armee biwakierte am 23. noch auf der bezeichneten Wittenburger Wegstrecke über Neumühl, und zwar hielt sich das dänische Korps, welches den Schluss bildete, zwischen Wittenburg und Stralendorf auf.

Unterdessen langte Fürst Eggmühl persönlich noch am 23. in Schwerin an, wo er das sogenannte Prinzenhaus am Alten Garten (gegenwärtig Wohnsitz der Frau Großherzogin Alexandrine) bezog. Der General Loison hatte sein Quartier im herzoglichen Palais auf der Neustadt genommen.

In Schwerin war, unter wieder auflebender Erinnerung an die Schrecken beim Beginn der ersten Franzosenzeit 1806, bereits am 22., wo Flüchtlinge aus Wittenburg und der dortigen Gegend sich einstellten, mit Bestürzung der Annäherung des Feindes entgegengesehen worden. Man hatte die Kassen an dem Tage in Sicherheit gebracht, und die Mitglieder der Regierung und der Kammer waren nach Rostock, wie auch viele angesehene Privatpersonen aus der Stadt abgereist. Eine Deputation hatte sich bereit gemacht, um die Franzosen bei ihrer Ankunft zu empfangen. Die hochbetagte Prinzessin Ulrike, Tante des Herzogs Friedrich Franz, war auf dem Schloss verblieben. Das herzogliche Hoflager hatte sich bereits zuvor in Doberan befunden.⁵

Als Motiv seiner Operation ins Mecklenburgische hat der Marschall selbst später, in dem an den König Ludwig XVIII. adressierten Memoire, angegeben, dass er den Feind habe bedrohen und zurückhalten, den Kronprinzen von Schweden in seinen Verbindungen mit Pommern beunruhigen und sich bereit halten sollen, die Erfolge des gegen Berlin entsendeten zwölften Armeekorps zu benutzen. Man ist dadurch in der Lage, das Unternehmen dieses Feldherrn nach ihm selbst bemessen zu können; der Beurteiler braucht nicht bloß, woraus man sich sonst gewöhnlich reduziert sieht, analytisch zu verfahren, das heißt, er braucht nicht bloß von dem Bekannten auf das Unbekannte, von dem tatsächlich Vorliegenden auf die Bewegursachen zurück zu schließen. Dieser Vorteil wird ihm jedoch keineswegs alle Ungewissheit wegschaffen.

---

5 Die Prinzess Ulrike, geb. 1723, starb am 17. September 1813 im Alter von 90 Jahren, 2 Monaten und 16 Tagen. Sie wurde in der Schelfkirche still beigesetzt. Die übrigen Glieder der fürstlichen Familie waren: Friedrich Franz, souveräner Herzog zu Mecklenburg, geb. 10. Dezember 1756, regierte seit 24. April 1785, Witwer seit 1. Januar 1808. Kinder: 1) Friedrich Ludwig, H. z. M., Erbprinz, geb. 13. Juni 1778. vermählt: a. 1799 mit Helena Paulowna, gest. 1803, Tochter des Kaisers Paul von Russland. Kinder: Paul Friedrich. H. z. M., geb. 15. September 1800; Marie. H. z. M., geb. 1803, b. 1810 mit Caroline Louise, Tochter des Herzogs Karl August zu Sachsen-Weimar; aus dieser Ehe ein Sohn Albrecht, H. z. M., geb. 1812. Der Erbprinz leitete zur Zeit der Invasion die Organisation der Landwehr. 2) Gustav. H. z. M., geb. 31. Januar 1781, kam Anfang Mai 1813 von einer Reise nach Italien zurück und trat sogleich, mit freiwilliger Entsagung seines militärischen Ranges, als Major und Chef der zweiten Schwadron beim Korps der reitenden freiwilligen Jäger ein. 3) Karl. H. z. M., geb. 2. Juli 1782, kehrte Ende März 1813 aus dem russischen Dienst, wo er Generalleutnant und Chef eines Grenadierregiments gewesen war, nach Mecklenburg zurück. 4) Charlotte, H. z. M., geb. 1784, verm. 1806 mit dem Prinzen Christian zu Dänemark, Vetter König Friedrichs VI.. dem er später als Christian VIII., folgte. Ihr am 16. Oktober 1808 geborener Sohn ist der jetzige, seit Januar 1848 regierende König Friedrich VII. 5) Adolph, H. z. M., geb. 18. Dezember 1785, befand sich 1813 als Volontär im Gefolge Wallmodens.

Es scheint also an der Strategie des Fürsten Eggmühl eine Spekulation auf die Rücksichten, die dem Prinzen Karl Johann durch seine politische Stellung aufgenötigt wurden, keinen ganz geringen Anteil gehabt zu haben. Und so mochte er hoffen, den Kronprinzen, durch eine Gefahr für seine Operationslinie nach Stralsund und für die schwedische Provinz in Deutschland, wenigstens zu starken Abkommandierungen zu verlocken und auf solche Weise, durch Schwächung der Nordarmee, das Vorhaben Napoleons gegen dieselbe zu erleichtern.

Bei seiner Mitwirkung zu dem Vorhaben des Kaisers durfte er niemals Hamburg und Holstein kompromittieren. Eggmühl, sonst so zurückhaltend, so geheimnisvoll, verhehlte es gegen den Grafen Löwendal nicht, dass seine Ordre dahin laute. Nun aber hätte die Offensive direkt nach Berlin ihn zu weit von seiner eigenen Operationsbasis entfernt; sie hätte ihn genötigt, Gegner hinter sich zu lassen, deren wirkliche Stärke auf den drei Punkten bei Wallmoden, Vegesack und Stralsund sich seiner Abschätzung entzog; und wenn der Kronprinz gar eine Entsendung über die Elbe veranstaltete, um die Kommunikation mit Hamburg zu gefährden, während der Marschall in der Front mit Wallmoden zu schaffen hatte, so war sein ferneres Vordringen vollends vereitelt.

So wenig hiernach ein unmittelbares Eingreifen zulässig gewesen wäre, eben so wenig wird man des Marschalls selbstangegebenes Motiv in dem Sinne einer Invasion Pommerns verstehen dürfen. In diesem Falle führte ihn sein Marsch vor das durch die Truppen Vegesacks verstärkte Stralsund; er behielt Wallmoden zur Seite; und die Gefahr, von allen seinen Kriegsmitteln abgeschnitten zu werden, blieb dieselbe. Zu einem kraftvollen Vorgehen, um in der einen Richtung angriffsweise tätig zu sein und gleichzeitig auf einer andern Seite Nachteil fernzuhalten, war die dem Marschall zu Gebote stehende Waffenmacht nicht ausreichend.

Nach dieser Auffassung erscheint die durch den Kronprinzen von Schweden angeordnete Teilung der niederelbischen Streitkräfte in ein Hauptkorps unter Wallmoden und ein Nebenkorps mit besonderer Bestimmung unter Vegesack, worin Beitzke eben die dolose[6] Absicht findet, den General Wallmoden an Erfolgen zu verhindern, vielmehr als eine weise Berechnung, der man den für die allgemeine Sache günstigen Verlauf der mecklenburgischen Kriegsbegebenheiten im August wesentlich mit zuzuschreiben hätte.

Was den Prinzen von Eggmühl betrifft, so wird man, alles erwogen, bei der (schon im Löwendal S. 71 und durch den Leutnant von Jahn S. 75, dann, von diesen völlig unabhängig, auch in dem trefflichen Werke unseres Bade ›Napoleon im Jahre 1813‹, Altona 1839, Bd. 2, S. 137 f. angedeuteten) Meinung stehen bleiben müssen, dass Davout, in Rechnung auf eine egoistisch bloß die eigene Sicherheit ins Auge fassende Denkart des Kronprinzen, demselben schon durch sein Eindringen in Mecklenburg die gewünschte Besorgnis einzuflößen gehofft, und dass er selbst sich allen Ernstes darauf beschränkt geglaubt habe, den Ausgang bei Berlin im Mecklenburgischen abwarten zu müssen, um, wenn der Kronprinz geschlagen würde, die Operationslinie desselben zu durchkreuzen und durch Kombinierung seiner Unternehmungen mit denjenigen der siegreichen Armee die Niederlage des alliierten Nordheeres zu vervollständigen.

Auf Wallmodenscher Seite freilich legte man der Phase, in die man das Beginnen des Marschalls seit dem 22. unzweideutig eintreten sah, einen solchen Gedanken nicht unter. Man hielt – was der Geschichtsschreiber des Korps zu erwähnen vergessen – an der Bestimmung Eggmühls gegen Berlin fest. Es war nämlich in jenen Tagen (wann? wird nirgends gesagt, obgleich gerade dies für die Beurteilung Wallmodens so wissenswürdig wäre) ein Schreiben Napoleons aufgefangen, datiert Bautzen den 17. August, durch welches dem Prinzen von

---

6 D. h. arglistige, Anm. d. Red. 2018.

Eggmühl angezeigt werden sollte, dass an diesem Tage (in der Wirklichkeit traf das Datum freilich nicht zu) der Marschall Oudinot mit 80.000 Mann »von Barut aufbreche«, und worin die Erwartung ausgesprochen war, »dass Davout am 17. oder 18. was er vor sich gefunden, werde angegriffen haben, wenn der Feind schwächer als er, und dass er sich nicht durch eine kleine Zahl und durch ein Lumpengesindel (une canaille) wie die Hanseaten, die Legion und die Truppen von Wallmoden werde maskieren lassen. Er habe keine gute Soldaten gegen sich als die Schweden und ein Viertel von dem, was Bülow (der, wir erinnern uns, beim Kronprinzen stand) besitze und was Linientruppen seien u. s. w.«

Aus dieser Depesche folgte, dass Napoleon – dem durch einen, von dem königlich-sächsischen General und Kriegsminister Freiherrn von Gersdorff intrigierten, Verrat der zu Trachenberg verabredete alliierte Kriegsplan bekannt war – von den drei Operationsobjekten, die sich in den Aufstellungen der drei großen alliierten Armeen beim Ablauf des Waffenstillstandes ihm darboten, dasjenige gewählt hatte, welches der Voraussicht des Kronprinzen als das erste im Bereiche der Wahrscheinlichkeit erschienen war.

Man erfuhr daraus ferner, dass nicht er selbst diese Initiative ergriffen, sondern dass es der Herzog von Reggio war, den er damit beauftragt hatte. Nicht minder sah man die ganze, hier an der Niederelbe bisher maßgebende, Supposition des Kronprinzen, der zufolge das Vorgehen Eggmühls ins Mecklenburgische bloß als eine Mitwirkung zu einem Zuge gegen Berlin betrachtet worden war, auf eine unzweideutige Weise bestätigt. Aus diesem Zusammenhange glaubte man nun aber auch die Aufgabe des Marschalls fehllos dahin zu erkennen, dass derselbe, wenn er im Sinne Napoleons handeln wolle, Berlin, den Rücken der alliierten Nordarmee, zu seinem direkten Ziele nehmen müsse.

Man sieht leicht, dass dies nicht notwendig aus dem Wortlaut der Depesche abgeleitet werden musste; und uns Späteren liegt auch in der übrigen, hernach publizierten Korrespondenz des Kaisers keine positive Ordre derartigen Inhaltes vor, noch findet sich darin etwas, was der Selbstangabe Eggmühls widerspräche.[7] Indes damals überließ man sich umso leichter jener Deutung, da die herrschende Meinung auch das materielle Übergewicht, welches der Marschall allerdings besaß, noch beträchtlich über die Wirklichkeit veranschlagte, indem man ihm 20.000 Mann mehr als Wallmoden beilegte; mit der naiven Zugabe einiger Schriftsteller, dass er sich seiner Übermacht über die vor ihm im Felde stehenden Alliierten völlig bewusst gewesen sei.

Durch das Napoleonische Schreiben schien also, wie vorher die Rückbewegung auf Hagenow statt auf Schwerin, so auch fernerhin der grundlegende Plan, den Prinzen Eggmühl so lange als möglich in dieser Gegend festzuhalten, dringlichst motiviert.

Dem entsprechend rückte nun General Wallmoden, der von Wittenburg nach Schwerin marschierenden Eggmühlschen Armee zur Rechten, mit seinem persönlichen Korps in einer Seitenbewegung von Hagenow (am Nachmittag des 22. August) über Kirch-Jesar und Kraak langsam in eine Stellung an dem Weg zwischen Schwerin und Ludwigslust, bei den Dörfern Rastow, Lüblow und Wöbbelin, wo er am 24. Posten fasste. Die Zusammenziehung auf diesem Raum, drei Meilen von Schwerin und eine Meile von Ludwigslust, wird in den Nachrichten mit dem Lager von Wöbbelin gemeint.

7 Letzteres ist eine Behauptung, die eigentlich durch Auszüge aus den Depeschen Napoleons an Davout und Oudinot nachzuweisen wäre. Indes muss ich mich über diesen wie in Betreff einiger anderer Punkte bescheiden, für meinen Aufsatz in unserer Zeitschrift nicht allzu viel Raum wegzunehmen. Jene Auszüge würden diejenigen Geschichtsschreiber beschämen, welche die Äußerung tun mochten, dass Davout sich in seinem Memoire »de- und wehmütig durchgelogen« habe, als hätte ein so charaktervoller Mann sich gegen die Bourbons erniedrigen können.

Hier, vor der Front des Gegners, wollte Wallmoden das fernere Beginnen desselben beobachten. Es blieb ihm da für alle Fälle in der rückwärts über Ludwigslust in die Priegnitz leitenden Straße seine Verbindung mit dem Kronprinzen erhalten; und er hatte nicht minder freie Bahn, um die Bewegung ins Brandenburgische, wenn der Marschall dahin wollte, durch flankierende Manöver unsicher zu machen. Wallmoden befand sich zu Wöbbelin inmitten einer großen offenen Ebene, die erst nordwärts, nach Schwerin zu, von dem Buchholz und dem Haselholze unterbrochen war. Zu seiner Rechten oder östlich lag ihm die weite bruchige Niederung der Lewiß; im Fall eines Zusammenstoßes bot das ebene Land gerade für die Waffe, worin er sich überlegen halten durfte, für die Reiterei, den besten Spielraum dar.

Anfänglich hatte Wallmoden die Idee gehabt, bis östlich über Neustadt zurückgehen zu müssen, und ein Ingenieur-Kapitän hatte schon die Gegend erkundet und bei dem Dorfe Brenz am Wege nach Parchim eine Lokalität ausgewählt. Dies soll schon am 19. geschehen sein, was denn zu einer Zeit gewesen wäre, wo die Operation des Marschalls auf Schwerin noch nicht vermutet werden konnte.

Bei dem Parallelmarsche nach Wöbbelin bildete die Separatabteilung Tettenborn den Nachzug des Hauptkorps. Und zwar kam die Lützowsche Infanterie (2800 Mann) unter dem Major von Petersdorff am 23. August bis Kirch-Jesar (3/4 M. östl. von Hagenow), am 24. früh (1 M. östl. Kirch-Jesar) nach Kraak, dem Kreuzungspunkte des Weges von Hagenow nach Neustadt mit demjenigen von Schwerin nach Dömitz, wo Wallmoden eben die Anstalten zu einer Brücke über die Elbe treffen ließ, um in dem Falle, dass ein Vorhaben des Marschalls es erforderte, auch auf dem linken Elbufer sogleich bei der Hand sein zu können.

Die Lützowsche Kavallerie (480 Mann) nahm an der Bewegung ihres Fußvolkes nur bis Kirch-Jesar Teil. Da trennte sie sich von derselben, indem der General Tettenborn, der nach den

Gefechten des 21. den Feind nur durch einzelne Kosakenabteilungen hatte beobachten lassen, sich auch mit der Masse seiner Kavallerie der rechten Seite der französischen Marschkolonne näherte. Seit dem Morgen des 24. befanden sich die Lützowschen Geschwader zu Warsow, einem Kirchdorfe halbwegs zwischen Hagenow und Schwerin. Dieser Punkt lag nur drei Viertelmeilen rechts von Stralendorf ab, dem schon erwähnten Orte der Wittenburger Straße, über welchen der Marsch Eggmühls vor sich ging, und wo sich, wie gesagt, die beiden Wege nach Schwerin schieden. Ferner war man zu Warsow nur anderthalb Meilen von Kraak entfernt, der eben genannten Station der Lützowschen Infanterie.

Wiederholt hatten die Reiter, dicht an den Feind angeschlossen, scharf geplänkelt, besonders am 23. mit den dänischen Husaren. Der Großteil der Dänen rastete in der Nacht vom 23. zum 24. noch westlich neben Stralendorf; er brach erst am 24. aus diesem Biwak auf und blieb nach kurzem Marsche zu Wittenförden, westlich von Neumühl, im Rücken der Armee von Schwerin stehen.

Es fehlt jede Andeutung, dass dieser Umstand dem General Tettenborn schon zu Warsow bekannt geworden sei; wenigstens scheint es am 24. gar keine Begegnungen mehr gegeben zu haben; man scheint dem Gegner nur so lange nachgegangen zu sein, bis man seine Richtung nach Schwerin sicher erkannt zu haben glaubte. Vielleicht war es Tettenborns Absicht oder Bestimmung, sich von Warsow aus, je nach den Umständen, auf die Verbindungslinien des Marschalls zu werfen, sobald er Schwerin okkupierte, oder sich ihm an die Ferse zu hängen, falls er den Marsch südwärts antreten sollte. Auf diese Weise möchte der bis zum 25. währende Halt zu Warsow, an welchem Tage Tettenborn daselbst noch angetroffen wird, am leichtesten erklärt werden können.

Zuverlässig ist, dass Tettenborns Leute stets nahe genug gewesen waren, um zu erkennen, was für Truppen passierten, und dass man zu Warsow wissen konnte, dass sich hinter den Dänen und über Wittenburg hinaus kein Feind mehr unterwegs befand. Wittenburg selbst hatten die Kosaken am 24. leer getroffen. Aus dem Umstand muss man gefolgert haben, dass Fürst Eggmühl die Kommunikation mit Hamburg nicht auf der genommenen Marschroute zu etablieren beabsichtige; und in diesem Falle blieb denn als Transport- und Verbindungslinie zwischen Hamburg und Schwerin nur die Richtung über Ratzeburg und Gadebusch übrig.

Über seinen Beschluss, von Hagenow nach Wöbbelin zu gehen, hatte Wallmoden dem General Vegesack alsbaldige Meldung mit der Aufforderung zufertigen lassen, dass er seinerseits sich eiligst auf Wismar (2 1/2 Meilen ostwärts von Grevesmühlen und 4 Meilen nördlich von Schwerin) zurückziehen möchte. Hanseatische Kavallerie sollte die Verbindung zwischen Wallmoden und Vegesack um den Schweriner See östlich herum über Crivitz und Warin unterhalten.

Bei Vegesack, auf dem nördlichen Teil des mecklenburgischen Kriegstheaters, war in all den Tagen seit Eröffnung der Feindseligkeiten an der Stecknitz, außer kleinen Neckereien nichts Erhebliches vorgefallen. Die Feinde von Lübeck hatten den mecklenburgischen Jägern im Schönbergischen gegenüber die Grenze stärker besetzt, aber sie hatten keineswegs die tätige Rolle begonnen, die ihnen, nach Löwendals Angabe, von dem Marschall zugedacht worden war. Sie hatten nicht einmal Ratzeburg besetzt, als dieser Ort, infolge des Ereignisses von Buchen, von den Alliierten freiwillig verlassen war.

Um die Langweiligkeit einmal zu unterbrechen, ließ der Hauptmann von Brand von der zweiten Kompanie der mecklenburgischen Jäger sich die Lust ankommen, mit dieser Mannschaft am Abende des 23. August die ›Schwarze Mühle‹ zwischen Selmstorf und Lübeck zu überfallen, wo man ein Piket dänischer Dragoner aufheben wollte. Man ging auf Wagen von

Schönberg aus zwischen den feindlichen Posten hindurch, stieg an geeigneter Stelle ab, und erreichte seine Absicht wenigstens soweit, dass mehre Dänen getötet und die ganze Linie durch das Schießen alarmiert wurde.

Das stille Verhalten des Feindes hatte dem General Vegesack schon als möglich erscheinen lassen, dass derselbe durch Umgehung des Ratzeburger Sees etwas gegen ihn vorhaben möchte. Er hatte daher eine Rekognoszierung nach Mölln angeordnet, und er selbst befand sich zu diesem Zweck in Ratzeburg. Da traf bei ihm die erwähnte Anzeige von Wallmodens rückwärtiger Bewegung nach Wöbbelin ein, und entsprechend ordnete er den Aufbruch seiner Truppen an.

Eine ganz andere Ansicht von der ursachlichen Beziehung bei diesem Rückgange Wallmodens und Vegesacks, als sich durch unsere bis hierher geführte Geschichte ergibt, hat sich der genannte Major Beitzke gebildet. Ohne seinen Lesern eine Andeutung gemacht zu haben, dass bei Lauenburg und Büchen dann bei Marsow u. s. w. Gefechte stattgefunden, setzt er nach der vorhin angezogenen Behauptung, wie Wallmoden, wenn ihm die lahmenden schwedischen Weisungen nicht im Wege gewesen wären, den Marschall in einer festen Stellung würde empfangen haben, mit den Worten fort: »So aber musste sich auf besonderen Befehl des Kronprinzen Vegesack gleich anfangs nach Grevesmühlen (wir wissen, dass da von vornherein das Hauptquartier des Generals gestanden, Anm. d. Autors) nicht mehr weit von Wismar, Wallmoden nach Hagenow zurückziehen, sodass Marschall Davout sich nun zwischen beide stellen und ungehindert Schwerin besetzen konnte ...«.

Also dass Wallmoden nach Hagenow und Vegesack nach Wismar zurückging, wäre nicht eine Folge gewesen von dem Vordringen Davouts in der Richtung auf Wittenburg, woraus man seine Absicht auf Schwerin erkannte, in der man ihn gewähren ließ, weil es, nach dem angenommenen Operationsplane, für Wallmoden nicht darauf ankam, Schwerin, sondern an seinem Teile Berlin zu decken, und weil sich durch den Marsch nach Schwerin die geflüchtete Bewegung nach Berlin verzögern musste: die Sache kehrt sich hier vielmehr um, und Davout ging nach Schwerin, weil Jene ihm die Gasse dahin öffneten; die Ursache aber davon war nicht ein von ihnen selbst erstrebter kriegerischer Zweck, sondern ein kronprinzlicher Befehl, dessen Absicht darauf hinauslief, die niederelbischen Streitkräfte zu schwächen.

Zu dieser Aufstellung würde der Verfasser nie gekommen sein, wenn er nur von Zanders ›Geschichte des Krieges an der Niederelbe‹, Lüneburg 1839, hätte Kenntnis nehmen wollen, dem einzigen Buche, welches das Ganze dieser Begebenheiten, politisch und militärisch, umfassend, mit dem unbefangenen Sinne, der bloß die Wahrheit finden will, geschrieben wurde, und worin er, neben einer stattlichen Ausführung im Detail, auch den Versuch, die großen strategischen Gesichtspunkte festzuhalten und »die kriegerischen Verhältnisse und Aktionen im richtigen Lichte darzustellen,« wozu Beitzke eben, laut seiner Vorrede, den Nicht-Militärs kaum die Befähigung einräumen zu wollen scheint, mit ziemlichen Glück würde gelöst gefunden haben.

Beitzkes Aufstellung ist umso unbegreiflicher, da er sich dadurch in Unübereinstimmung mit dem Geschichtsschreiber des Wallmodenschen Korps setzt, dessen Buch ihm bekannt war, da er es an einer Stelle, wo er Zahlenverhältnisse »nach Quellen der Verbündeten« angibt, mit dem Titel nennt. Diesem Schriftsteller folgend, würde es dem Major Beitzke nicht möglich geblieben sein, keine Silbe davon zu sagen, dass, was sich hier an der Niederelbe begab, mit Hinsicht auf die Dinge getan wurde, die sich gleichzeitig bei Berlin ereignen konnten, und dass der rückgängige Zug Wallmodens nach Wöbbelin eben hierin seine Notwendigkeit hatte. Aber freilich Beitzke ahnt auch in dem

Verlauf dieser Begebenheiten einen Unterschied zwischen Hagenow und Wöbbelin nicht; Wöbbelin wird selbst nicht einmal von ihm genannt; und der (imaginäre) »besondere Befehl des Kronprinzen«, durch welchen Wallmoden rückwärts gerufen wurde, erstreckte sich nur bis Hagenow.

Die Franzosen zu Schwerin und Wismar

Unterdessen Wallmoden Wöbbelin erreichte, hatte sich der Marschall Davout, der sich seit dem 21. August um seinen Gegner gar nicht mehr bekümmern zu wollen schien, in den Besitz von Schwerin gesetzt und sich bis zum 24. in der Position zwischen den die Stadt umgebenden Seen konzentriert.

Großes Getümmel herrschte an dem genannten Tage in der Stadt, die einem Feldlager glich. Truppenteile kamen und gingen. Die wahre militärische Lage der Dinge war von den Bewohnern nicht zu erraten. Unter den sich kreuzenden Gerüchten fand den meisten Glauben, dass Wallmoden in der Nähe sei, und dass die Kosaken die Franzosen umschwärmten. Begründeter war die Nachricht, dass sich auch ein bedeutendes dänisches Korps im Anzuge befinde. Wirklich sah man noch am 24. den Chef dieses Korps, den Prinzen Friedrich von Hessen, in Schwerin eintreffen, wo derselbe in dem Neustädtischen Palais abtrat.

Was sich aus dem Gewirr als tatsächlicher Vorgang gestaltete, war, dass am 24. die Brigade Lallemand von Schwerin nach Gadebusch, die Division Loison gegen Wismar abzog; dass diese Truppen durch andere des französischen Hauptkorps, welches ihnen desselben Weges über Neumühl gefolgt war, ersetzt wurden, während die größere Masse außerhalb der Stadt verblieb, teils bei Ostorf, teils auch sich zu einem Lager nach Neumühl und Lankow hin einrichtete; und dass endlich das Gros der Dänen bei Wittenförden Stellung genommen hatte.

Dieses Dorf Wittenförden war kaum eine Meile von Schwerin in gerade westlicher Richtung entfernt. Ging man von dort der Stadt zu, so passierte man, etwa mittwegs, das zwischen zwei Seen ziemlich vertieft befindliche Defilee von Neumühl. Der eine dieser Seen war der Ostorfer, welcher sich aus der südlichen Umgebung der Stadt bogenförmig bis hierher zieht; der andere war der Neumühler (oder Friedrichstaler) See, der von Neumühl in noch längerer nordwestlicher Erstreckung bis hart an die Landstraße Schwerin–Gadebusch beim Eulenkrug reichte. Ein überbrückter Bach floss bei Neumühl aus dem Neumühler See durch einen Wiesengrund in den Ostorfer See ab, und alsbald stieg der Weg beiderseitig zu erhabenerem Terrain auf.

Die Beschützung dieses Engpasses war der Zweck der dänischen Besetzung von Wittenförden, die ihren Rückhalt an dem Lager von Neumühl hatte. Eine ähnliche Wichtigkeit wie Neumühl kam, für die Rückendeckung der Armee von Schwerin und zugleich in Betreff der über Gadebusch einzurichtenden Kommunikation, dem Eulenkrug zu. Diese Örtlichkeit war, über Lankow und Friedrichstal, etwa anderthalb Meilen nordwestlich von Schwerin ab und zwischen der Stadt und Gadebusch in der Mitte belegen.

Dem Nordende des Neumühler Sees war daselbst der Quellbezirk der Stepenitz nahe, die in ihrem nördlichen Lauf gleich mehre kleine Seen verbindet. Dadurch bildete sich ein Durchgang, dessen Verteidigung durch die hügelige Beschaffenheit des mit Gehölz bestandenen Bodens erleichtert wurde, wo wenigstens zu einem überraschenden Angriff mit bloßer Reiterei keine Möglichkeit blieb. So wurde denn auch der Eulenkrug mit einer starken Truppe Franzosen besetzt. Beide Posten zu Eulenkrug und zu Wittenförden waren einander nahe genug, um sich mit Leichtigkeit die Hand reichen zu können.

Hiernach war die französische Stellung von Schwerin, wie im Osten von dem Großen Schweriner See, so auch auf der Süd - und Westseite, von Ostorf über Neumühl bis Eulen-krug, durch einen Wassergürtel umgeben, der die südliche Gren-ze des selbst gewählten militärischen Gebietes des Marschalls sein zu sollen schien. Vorposten reichten von dem Plateau von Ostorf bis zur Fähre, eine Meile Weges südöstlich von Schwe-rin, wo die Stör aus dem Südende des Großen Sees abfließt. Desgleichen wurden die den Ostorfer See hinauf, an dem der Stadt abgewandten Ufer befindlichen Dorfschaften bewacht und abpatrouilliert.

Durch die natürlichen Vorteile Schwerins für Wallmoden unnahbar geworden, nahm Fürst Eggmühl, in augenschein-lichem Zusammenhang mit dem selbstangegebenen Grundge-danken seines Verfahrens, von Schwerin aus sofort den an der Ostseeküste vorhandenen Teil seiner Gegner zum Ziel.

Er hatte zu Schwerin schon von dem Umstand Kenntnis, dass Vegesack sich von Grevesmühlen auf Wismar ziehe. So de-tachierte er gleich am 24. den General Loison nach Wismar. Bei dieser Gelegenheit erwähnt Graf Löwendal, dass Loison auch etwa 2.000 Dänen bei sich gehabt habe, nachdem er schon an einer voraufgehenden Stelle, von der Infanterie sprechend, die Bemerkung gemacht, dass seine Division unter den vieren die zahlreichste und etwa 4.000 Mann stark gewesen sei; woraus denn folgen würde, dass mit der Ziffer 7.000 die Gesamtheit seiner Kombattanten so ziemlich getroffen sein möchte.

Zu Schwerin war aber auch dem Marschall unerwartet die Meldung eingelaufen, dass es doch noch Schweden zu Gade-busch (drei Meilen von Schwerin) gebe. Deswegen musste sich die Brigade Lallemand noch am 24. nachmittags dorthin aufma-chen. Lallemand fand an dem Ort keinen Feind, und ging nun von Gadebusch am folgenden Tag, den 25., über Mühlen Eichsen auf Wismar (4 Meilen von Gadebusch), wo er sich wieder mit Loison vereinigte. Die Truppe Lallemands enthielt zwei Batail-lone und eine Kompanie dänischer (wohl schleswig-holsteini-scher) nebst einem Bataillon französischer Infanterie, ferner ein holsteinisches Reiterregiment und eine Eskadron französischer Jäger zu Pferde, im Ganzen vielleicht 2.200 Mann mit 40 leichten Geschützen des dänischen Hauptmanns von Gerstenberg.

Das alliierte Korps, welches man in Wismar aufzusuchen gekommen, war jedoch dort nicht mehr vorhanden. Der General Vegesack war, angeblich durch ein Missverständnis, auf der Stralsunder Linie in zwei Haufen voreilig über Wismar hinaus zurückgewichen. Er hatte die eine Kolonne, bestehend aus einem Bataillon Schweden mit vier Kanonen, aus dem im Solletat 800 Mann zählenden mecklenburgischen Musketierregiment, aus der 3. und 4. Kompanie der mecklenburgischen Fußjäger und den 600 mecklenburgischen reitenden Jägern, unter dem Befehle des Kommandeurs der Letzteren, des Obersten von Müller, von Grevesmühlen rechts über Neukloster nach Schwaan marschieren lassen.

Mit der anderen Abteilung, die fünf Bataillone Schweden samt Kanonen und der schwedischen Kavallerie (Truppen, deren Zahlbestand nirgends authentisch angegeben wird), ferner die mecklenburgische Grenadiergarde von 600 Mann, die 1. und 2: Kompanie der mecklenburgischen Fußjäger, die sechs mecklenburgische Geschütze und die 150 Freihusaren des Majors von Schill enthielt, war er selbst, Vegesack, in forciertem Marsch über Wismar, Neubuckow und Kröpelin nach Rostock gegangen. Schon sein Aufbruch war in solcher Hast geschehen, dass die mecklenburgischen Jäger, die freilich als flankierende Vorposten am entlegensten standen, ohne den Grund ahnen zu können, auf der Flucht zu sein meinten. Man findet übrigens eine Angabe, der zufolge die Jäger erst am 24. aus den Gegenden von Dassow und Schönberg (zwei Meilen rückwärts von Grevesmühlen) aufgebrochen wären.

So geriet Wismar ohne Schwertstreich in die französische Gewalt. Die Wichtigkeit dieser Erwerbung leuchtet unmittelbar ein. Der Ostsee bei Wismar ist Hohen Viecheln oder das nördliche Ende des Großen Sees, an dessen südwestlichem Ufer die Stadt Schwerin liegt, auf fünf Viertelmeilen direkten Abstandes nahe. Hätte er nicht durch den Besitz von Wismar die Flanke seiner Position von Schwerin zuvor sichergestellt gehabt, so würde der Marschall wohl kaum einen Schritt nach Süden haben tun können, wohin doch, wie man es alliierterseits ansah, seine eigentliche Bestimmung gehen sollte. Endlich war Wismar der mögliche Ausgangspunkt für jede etwaige Unternehmung gegen Pommern.

Infolge dieser Vorgänge mit Wismar begab sich die fürstliche Familie am 25. August von Doberan nach Rostock, wohin sich vorerwähntermaßen die Regierung von Schwerin bereits am 22. verlegt hatte.

In Schwerin folgerte man schon am 25. aus all den Anordnungen, von denen man Zeuge war, dass die Franzosen nicht an einen nahen Wiederaufbruch dachten, sondern sich vielmehr festsetzen zu wollen schienen. Von merklichen Ungebührlichkeiten war ihre Ankunft nicht weiter begleitet gewesen, als dass die Vorstadt am ersten Tage hart mitgenommen war, weil den Bedürfnissen der außerhalb, bei Ostorf, lagernden Truppen auf andere Weise in der Eile nicht hatte genügt werden können. Dann aber war noch am 23. den Bewohnern Sicherheit der Person und des Eigentums zugesagt; und seit dem 24. blieb mehreren für diesen Zweck, unter Teilnahme von Privatpersonen, niedergesetzten Büros, die einem Generalbüro untergeordnet waren, die Ausführung der zahlreichen Requisitionen aller Art, an Vieh, Lebensmitteln. Getränken, Fourage u. s. w. überlassen, welche die französischen Autoritäten der Stadt zustellten. Ward z. B. eine Quantität Rindfleisch gefordert, so suchten die Kommissare des Büros die geeigneten Schlachttiere auf, schätzten sie an Ort und Stelle ab und ließen sie, gegen Einhändigung einer Verschreibung an den Eigentümer, wegführen.

Darnach wurden dann in der Vorstadt eine Bäckerei, und zwei Lazarette angelegt. Die Domkirche und die Kreuzgänge derselben wurden zu Magazinen eingerichtet, wo man gleich die reichlichen Lebensmittel unterbrachte, die am 27. in einer großen Menge Wagen auf der Straße von Hamburg, wie es hieß, angekommen waren, ungeachtet Tags zuvor der Major von Lützow bei Rosenberg zwischen Schwerin und Gadebusch einen beträchtlichen Transport weggenommen hatte.

Dass der in der Bildung begriffene Landsturm gleich Eingangs aufgelöst wurde und die Waffen abgeliefert werden mussten; dass man die Schlüssel des Schlosses herausforderte und die dort aufbewahrten Armaturstücke, darunter auch zwei Kanonen, an sich nahm, das sind Dinge, die sich von selbst verstehen. Ebenso wenig wird man eine Anklage daraus machen dürfen, dass am 29. durch öffentlichen Anschlag der Obrigkeit (eine damals übliche Weise) den Einwohnern alles Reden über politische Gegenstände untersagt wurde. Sonst ist während der Dauer der Okkupation in Schwerin niemand persönlich angetastet; nur dass einzelne Leute, wegen besonderer Veranlassungen, auf kurze Zeit unter die Aufsicht von französischen Gendarmen gesetzt wurden.

Auch waren die Schweriner verständig genug, um nicht durch ein widerspenstiges oder feindseliges Betragen die Unannehmlichkeiten zu vergrößern, welche die Verhältnisse gebieterisch ihnen auferlegten. Das würde den Zorn des Marschalls hervorgerufen haben, der die unbedingteste Unterwerfung unter das militärische Gebot verlangte. Als einer der ersten französischen Krieger, den die Revolution schon als Offizier vorgefunden – er war 1770 aus einer adeligen Familie in Bourgogne geboren – und der seitdem beständig in feindlichen oder eroberten Ländern gelebt hatte, war er es so gewohnt geworden, Strenge gegen die Völker zu üben, in deren Mitte er keinen Freund voraussetzen durfte, und selbst da keine Schonung gelten zu lassen, wenn auch nur das soldatische Ansehen dem Volke gegenüber beeinträchtigt scheinen konnte.

Wir wollen zur Charakteristik Davouts in diesem Punkt eine Erfahrung schrecklichster Art mitteilen. Sie ist freilich nicht in Mecklenburg gemacht, sondern in dem lauenburgischen Kirchdorfe Mustin, und auch erst in der Zeit, nachdem die Franzosen sich Anfang September aus unserm Lande zurückgezogen und die Stellung an der Stecknitz eingenommen hatten.

Östlich von Ratzeburg gelegen, war Mustin damals eines von den Dörfern, die sich unbesetzt zwischen den beiderseitigen Linien befanden, und die dadurch in die traurige Lage gerieten, dass sie von beiden Teilen heimgesucht wurden, die nicht bloß für ihren eigenen Bedarf Lebensmittel, Futter u. dgl. suchten, sondern auch beflissen waren, dem Gegner nichts, was der gebrauchen könnte, übrig zu lassen. Das Dorf war schon erschöpft, und wurde dennoch täglich von Marodeuren abgestreift. Einstmals nun wurden einige dergleichen Gäste von den einzelnen zurückgebliebenen Bauern in der Verzweiflung mit Prügel fortgejagt. Als der Marschall zu Ratzeburg dies erfuhr, ließ er am nächsten Tag 200 Mann in das Dorf rücken, und diese ergriffen aus Mangel der wirklichen Beleidiger der Soldaten die ersten drei Menschen und schossen sie ohne weiteres auf der Stelle nieder.

Das Faktum ist richtig, denn es ist uns durch Löwendal verbürgt, der es, in seinem Bemühen unparteiischer Schilderung, als eines der Beispiele von der Fluchwürdigkeit des Systems aufstellt, das den Franzosen durch Napoleon so geläufig geworden sei. Welcher andere französische General hier auch kommandiert hätte, er würde, meint Löwendal, wie Eggmühl gehandelt haben. Allerdings darf der Feldherr in feindlichem Lande keine Gewalttätigkeit des Volkes gegen die militärische Macht dulden, selbst wenn sie einen Ursprung wie diesen hier hatte; denn wenn man sie litte, so würde diese Art Selbstverteidigung sehr bald in Feindseligkeiten ausarten, die der Armee eine ihrer Bestimmung nicht entsprechende Arbeit verschafften.

Allein es ist und bleibt doch immer ein Unterschied zwischen dem Züchtigen einer an sich unbedeutenden, durch die Not eingegebenen Wehr gegen Marodeure und dem Strafen für eigentliche Widersetzlichkeit oder Aufruhr. Eine solche Berücksichtigung aber kannte Eggmühl nicht; er besaß kein Gefühl für Menschlichkeit, sobald er den blinden Gehorsam von Seiten der Zivilen aus den Augen gesetzt glaubte, die er nun eben bloß als leidende und gehorchende Wesen betrachtete. So wollte es die ›raison militaire et politique‹, die man in der langen Napoleonischen Schule gelernt hatte.

In der Naturanlage des Mannes befand sich eine Neigung zur Härte eigentlich nicht, im Gegenteil wird von ihm gerühmt, dass er etwas Mildes in seinem Wesen gehabt, dem er außer dem Dienst im täglichen Kreise gern nachgelebt habe. Öffentlich erschien er stolz und gebietend, begünstigt darin durch die Ansehnlichkeit seiner Gestalt. Er hatte das Maß eines Mannes von beträchtlich mehr als gewöhnlicher Größe, war stark ohne zu viel Fülle der Leibesbeschaffenheit, mit hoher Stirn, den Vorkopf von Haaren entblößt, eine goldene Brille auf der scharf geschnittenen Nase. Nach der Erinnerung, worin mehrere Personen hier in Schwerin übereinstimmend ihn sich noch heute vergegenwärtigen, war seine Gesichtsbildung zart, fast weiblich.

Sein Zorn war leicht erregt, aber nur durch zwei Ursachen. durch Nachlässigkeit im Kriegsdienst und durch verspürten Unwillen auf Seiten der Einwohner oder bürgerlichen Beamten. Dann kannte er keine Beherrschung mehr; und selbst Generale haben die bittersten Dinge aus seinem Mund hinnehmen müssen. Doch verrauchte die Aufregung bald, und er war zu edelgesinnt, um danach noch einem Groll Raum zu geben. Seine politische Ehrenhaftigkeit hat er hinlänglich bewährt bei Napoleons Sturz, der ihn bekanntlich noch zu Hamburg antraf, und durch die Art, wie er sich darauf zu den Bourbonen stellte.

So war er denn auch nicht bloß der uneigennützigste Mensch, der es tief unter sich erachtet hätte, die unbeschränkte Gewalt, worin er sich so lange Zeit befunden, irgendwie für seinen persönlichen Vorteil zu benutzen; der nichts besaß, als was er der Gunst seines Kaisers verdankte; und dessen Hauptquartier in Hamburg dieser Stadt, wo er vor dem russischen Kriege schon als Generalgouverneur gestanden, im Verhältnis der Zeitdauer, bei weitem nicht so viel gekostet hat, als ihr das Befreiungsprotektorat eines Tettenborn zu stehen gekommen ist: sondern Davout war auch ein abgesagter Feind aller partikulären Eigenmächtigkeiten der Untergebenen, so wie jeder unnötigen Bedrückung und Schädigung der Gegenden, die er überzog.

Der Befehl in letzterem Betreff wurde während dieser Kampagne zu wiederholten Malen eingeschärft; die Ordre, dass die Wegnahme anderer Sachen als Lebensmittel wie Raub angesehen werden würde, ward mehre Male in Erinnerung gebracht. Bei den Durchmärschen durch die Städte und Dörfer hatten die Gendarmen, welche die Polizei bei der Armee handhaben, die Weisung, einen jeden Marodeur oder in Plünderung begriffenen Soldaten zu arretieren und dem Prevotalgerichte[8] zu überliefern. Als Lauenburg mit stürmender Hand genommen worden, war ein Teil Soldaten am Ende der Stadt mit Plündern beschäftigt gewesen. Einige Einwohner waren klagend zu Eggmühl gelaufen, als dieser durch die Hauptstraße ritt. Sogleich war er nach dem bezeichneten Ort gesprengt, hatte mit seiner ganzen Suite auf die Marodeure eingehauen und die Gendarmen für die Befolgung seiner Befehle verantwortlich gemacht.

Indessen war der Höchstkommandierende mit seinem besten Willen den in den Napoleonischen Armeen einmal zur Gewohnheit gewordenen gewalttätigen und räuberischen Neigungen gegenüber im Ganzen ziemlich ohnmächtig. Er konnte es

8 Eine Art Militärgericht, Anm. d. Red.

kaum weiter bringen, als dass dergleichen nicht unter seinen Augen geschah. Und das erreichte denn auch Eggmühl, dass bei seinem Hauptquartier zu Schwerin wie anderswo eigentliche Exzesse nicht vorfielen. Wo er nicht anwesend war, da freilich behielten die Willkür, die eigenmächtigen Requisitionen, das Marodieren ihren freien Spielraum; und diesem Unwesen war begreiflich das platte Land am leichtesten ausgesetzt; jedoch ist notorisch, dass unsere Landbewohner mit den Franzosen nicht so übel als durch die Nationaldänen gefahren sind, die sich neben allem Übrigen sehr häufig in einer rohen Zerstörungslust gefielen.

Bei den durch die militärischen Behörden ausgeschriebenen Requisitionen, die für eine so beträchtliche Truppenzahl, auch ohne stattfindenden Betrug, natürlich einen großen Umfang haben mussten, trat dann die Habgier der französischen Kommissare und Employes in Wirksamkeit, die ihr Handmerk in vieljähriger Übung meisterhaft gelernt hatten, trotz all der Formalitäten in dem Verwaltungszweige der Armee, durch welche ihren Unterschleifen vorgebeugt werden sollte. Löwendal urteilt an einer Stelle, die Verfahrungsweise dieser Menschen habe die Folge gehabt, dass den Truppen immer nur ein Drittteil von dem zu Gute gekommen sei, was das okkupierte Land hergeben musste; und so mag die Klage der gefangen eingebrachten Dänen, dass Eggmühl nicht für sie gesorgt und dass sie hätten Mangel leiden müssen, ihre Erklärung finden, ohne dass den Fürsten selbst der Vorwurf träfe, den Varnhagen auf ihn wälzt.

Blieb nun begreiflich durch die Erfordernisse der Einquartierung, durch die großartigen Ausschreibungen, durch die mancherlei vom Krieg unzertrennlichen Einbußen und Plackereien die Bürde für unsere Stadt fühlbar genug, so hat Schwerin doch, den Umständen nach, viel weniger gelitten, als man vorher befürchtet hatte; ja »als Feinde betrachtet, sind die Franzosen mit großer Mäßigung und Schonung verfahren« (so spricht sich, nach ihrem Fortgange, unter dem frischen Eindruck des Erlebten auch die damalige Schwerinsche Zeitung aus).

Das beste Zeugnis für den Prinzen von Eggmühl liegt in der Erfindung, die man zur Erklärung der Gelindigkeit seiner Handlungsweise zu machen den Einfall hatte und die besonders Varnhagen in unziemendster Redeweise verbreitet hat (S. 53 f.), dass ihm nämlich durch Napoleon die mecklenburgischen Lande zugesagt gewesen seien, oder dass er selbst sich solchen Lohnes in Hoffnung versehen und also durch Schonung seines vermeintlichen Eigentums die Bevölkerung für sich einzunehmen gesucht habe. Wenn aber in der Schrift über Wallmoden gesagt wird, dass der Fürst schon einen Generalgouverneur für Mecklenburg ernannt gehabt habe, so ist das eine Aufstellung, der die Möglichkeit des Nachweises fehlt.

Anderen Sinnes als Davout schaltete in seinem Machtkreis der General Loison. Er war ein Mann, in dessen militärische Geschicklichkeit jener vor den übrigen Unterfeldherrn das größte Vertrauen setzte, sonst aber ein Gewaltmensch, einarmig, der sich fühllos nicht bloß an gewöhnlichen Schonungslosigkeiten nicht genügen ließ, und nicht bloß von der Stadt Wismar eine Brandschatzung von 40.000 Talern erpresste und den Requisitionen eine solche Ausdehnung gab, dass er bei seinem Abzug einen Train von nahe 100 Wagen mit sich schleppte, sondern der auch durch geradezu frevelhafte Handlung seinen Namen in den Verruf des Bösewichts gebracht hat. Bei seiner Ankunft, so erzählt der schon früher einmal genannte Dr. Francke zu Wismar, hatte Loison das Postbüro in Beschlag genommen. In einem der gehaschten Briefe hörte man einen jungen Mann scherzweise seine Braut vor dem einarmigen Loison warnen. Der General, dies erfahrend, lässt das Mädchen vor sich bescheiden; ihr Pflegevater, auf ritterliche Gesinnung bauend, und mit Einäscherung seines Hauses im Fall der Weigerung bedroht, geleitet die Zitternde selbst dahin; er wird vor der Türe durch die Schildwache zurückgedrängt; das Mädchen aber ist wenige Monate danach im Trübsinn verstorben.

Das ganze Verfahren dieses Generals in Mecklenburg hatte so viel Hass auf ihn gezogen, dass, als 1815 die Mecklenburger vor Longwy rückten, sie nur mit Mühe verhindert werden konnten, sein Landgut Longue-la-Ville in Asche zu legen.

Wallmodens Abberufung
aus Mecklenburg

Wenn Fürst Eggmühl seinen ganzen Plan in Rechnung auf eine übergroße Ängstlichkeit des Kronprinzen gebildet gehabt hatte, wie wir vorhin ihm unterstellen zu müssen glaubten, so lief der Erfolg dieser seiner Erwartung ganz entgegengesetzt aus. Denn statt sich für Stralsund und Pommern zu beunruhigen und dem General Wallmoden zu helfen, sandte der Kronprinz demselben vielmehr unvermutet die Ordre zu, mit den unter seinem unmittelbaren Kommando befindlichen Truppen unverzüglich auf Brandenburg an der Havel zu marschieren und in Mecklenburg nur die Korps von Tettenborn und Vegesack gegen den Marschall Davout stehen zu lassen.

Der Zusammenhang der Umstände, in deren Überblick die Erklärung dieser von dem Oberbefehlshaber der Nordarmee zur Verstärkung seiner rechten Flanke angeordnete Maßregel leicht sich darbietet, war folgender: Die von Napoleon gegen Berlin bestimmte Armee unter dem Marschall Oudinot, die sich, wie man aus der vorgesagt erbeuteten Depesche bereits wusste, bei Barut (der damaligen kgl. sächsischen Grenzstadt gegen die Mark Brandenburg) gesammelt hatte, war am 21. August in die Gegend von Trebbin vorgedrungen. Sie hatte die hier in vorderster Linie vor der Front des Kronprinzen getroffenen Verteidigungsanstalten an der Nute bewältigt und die preußische Brigade von Tümen zurückgedrängt, hatte am 22. noch mehr Boden gewonnen, und lagerte am Abend dieses Tages nur mehr einen Marsch von der preußischen Hauptstadt, freilich von diesem Ziele kühnster Gedanken noch durch eine Truppenmauer von etwa 100.000 Mann getrennt.

Unter den Einleitungen zu der für den 23. bevorstehenden Schlacht hatte der Kronprinz den von der Blockade von Magdeburg abgezogenen und vorläufig bei Brandenburg als Sicherungsposten stehen gebliebenen General von Hirschfeldt eben nach Saarmund (7 1/2 Meilen weit, die durch einen Gewaltmarsch mit Zuhilfenahme von Fuhrwerken wirklich zurückgelegt wurden) an seinen rechten Flügel herangerufen, als ihm, wie es scheint, am Schlachttage selbst, eine bedenkliche Meldung zuging. Der bei der Festung verbliebene General von Puttlitz nämlich hatte sich vergeblich angestrengt, den aus Magdeburg hervorgebrochenen General Girard wieder hineinzutreiben. Er hatte sich zuletzt selbst genötigt gesehen, fechtend demselben Feld zu geben, und sich am 21. August (in der Richtung auf Ziesar oder Brandenburg, also) auf der Berliner Straße zurückgezogen.

Gegen diese, offenbar der Bestimmung Oudinots zur Seite stehende, im entscheidenden Moment die Flanke der Nordarmee bedrohende Bewegung des Generals Girard, deren materielle Stärke sich natürlich auch nicht sofort ermessen ließ, wurde Wallmoden herbeigerufen.

Der Befehl des Kronprinzen kam, wie es scheint, den 25. bei Wallmoden an, und der General traf augenblicklich seine Anordnungen. Jetzt galt es erst recht, das ins Werk zu richten, wovor Napoleon seinen Marschall hatte warnen wollen: ihn zu maskieren, den Weggang Wallmodens zu verbergen, durch kühnes Beginnen die Täuschung größerer Zahl zu erregen, den Feind dadurch unsicher zu machen, um ihn, wenn möglich, auf dem Fleck festzuhalten, wo er sich befand.

Diese Aufgabe fiel nunmehr der Abteilung Tettenborn zu. Während daher dieser General sich mit der Masse seiner Kosaken und der Lützowschen Reiterei von Warsow weg nach Fahrbinde, nördlich von Wöbbelin, vor die Front des Feindes begab, musste der Major von Lützow mit einer Reiterpartei von beiden Truppen, klein, wie die Umstände sie einzig erlaubten, von Warsow zu einem Streifzug im Rücken der Armee von Schwerin aufmachen, der ihn am späten Abend des 25. nach Gottesgabe, in noch dunkelnder Frühe des 26. an die Gadebuscher Straße führte, wo es den Vormittag bei Rosenberg zu einem Gefecht kam, bei welchem Teodor Körner seinen Tod fand;[9] unterdessen an eben diesem Morgen das gesamte Lützowsche Fußvolk von Kraak nach Wöbbelin geschoben worden war, wo es den Platz der abgegangenen Truppen Wallmodens hatte einnehmen müssen.

Wallmoden selbst befand sich am 26. August schon zu Grabow. Hier lief aber noch an demselben Tag die frohe Siegesmeldung von dem Ereignis ein, das am 23. südlich von Berlin dazwischen getreten war.

Der Marschall Oudinot nämlich hatte am 23., dem Tage der Besetzung Schwerins durch die Franzosen, in drei parallelen Kolonnen vorgehen zu können gemeint. Die rechte derselben unter General Bertrand, bei welcher sich die württembergischen Truppen befanden, war schon am Morgen des Tages auf das preußische Korps Tauentzien bei Blankenfelde gestoßen, drei Meilen von Berlin, und hatte sich am Nachmittag mit Verlust zum Rückzuge genötigt gesehen. Die mittlere Kolonne unter General Reynier, aus zwei Divisionen Sachsen und einer Division Franzosen bestehend, hatte in den Abendstunden von sechs bis acht Uhr eine vollständige Niederlage erlitten durch die Preußen unter Bülow bei Großbeeren, zwei Meilen von Berlin. Durch diesen Ausgang war auch die linke französische Marschkolonne unter Oudinots persönlichem Befehl gezwungen worden, in der Nacht den Rückzug anzutreten. Sie hatte ihre Richtung gegen Ruhlsdorf gehabt, wo die Schweden stan-

---

9 In der Schrift ›Das Grab bei Wöbbelin‹ ist dieses Gefecht mit Benutzung aller Überlieferungen ausführlich dargestellt S. 123 ff.

den; doch war es dort den ganzen Tag kaum zu etwas mehr als Plänkelei und Kanonaden gekommen.

Infolge dieser Wendung bei der Nordarmee durfte Wallmoden bereits am 27. mit der Umkehr nach Wöbbelin beginnen. Die ganze Kriegslage hier hatte damit ein anderes Aussehen bekommen: Wallmoden konnte sich rückwärts, auf der Seite nach Berlin, für gesichert halten. Der vor ihm befindliche Feind war schon um seinen Preis betrogen, und keine Unternehmung desselben konnte noch eine dauernd gefährliche Folge haben.

In dem Überschlag über die zu Tage getretene Kombination Napoleons hatte der Kronprinz durch die Tat gezeigt, welches von den beiden Hilfsmitteln zur Unterstützung von Oudinots Frontalangriff ihm wirkliche Besorgnis einflößte; und so hatte er die ihm zur Verfügung stehende Waffenmacht da verwenden wollen, wo es sich um die höchste Entscheidung handelte, und wo sie folgeweise am nützlichsten werden konnte. Dem geschärften Blicke eines Fürsten, der die Eigenschaften des Staatsmanns und des Feldherrn in sich vereinigte, konnten die politischen und militärischen Gründe nicht entgehen, unter deren Zwang der Marschall Davout stand. Man bekommt dadurch mit der Beweiskraft, wie eine Tat sie immer nur zu gewähren vermag, die Gewissheit, dass der Kronprinz, für den Marschall zeugend – ein interessantes Schauspiel – mit demselben in einerlei Ansicht zusammengetroffen war, das heißt, dass er seinerseits ihn ebenfalls außer Stande hielt, sich über Mecklenburg hinaus zu begeben, weil der Entschluss hierzu in Abhängigkeit von Bedingungen sei, die erst dadurch herbeigeführt werden könnten, wenn bei Berlin die Würfel für Oudinot fielen.

Und dies war der ersprießlichste Dienst, den die Intuition seines überlegenen Talentes der allgemeinen Sache leisten konnte, dass er aus dem Ensemble der Verhältnisse und der Charaktere das Inoffensive der Rolle Eggmühls erkannte, so lange sich bei Berlin noch nichts Günstiges für dessen Partei ereignet hatte, und dass er andererseits die große Bedeutung ahnte, die sich in den Berechnungen Napoleons an das Gelingen seines Anschlages gegen das Nordheer knüpfte.

Wie richtig Karl Johann in diesem Stücke Napoleon beurteilt habe, das erhellt unmittelbar aus den Schlussworten der kaiserlichen Depesche vom 13. August an Oudinot: »Der Kaiser selbst hat mit der großen Armee keinen andern Zweck, als Ihre Operation zu beschützen und die österreichische und russische Armee (damit meint er die im Sprachgebrauche der Verbündeten sogenannte böhmische und schlesische Armee, Anm. d. Autors) im Zaume zu halten.« Die Operation gegen Berlin war – man mag zur Erklärung denken, was man wolle – damals die einzige große Offensive, welche Napoleon vorhatte. Umso mehr hing also für die Alliierten davon ab, dass sie misslang, und umso löblicher war es von Seiten des Kronprinzen, dass er das Seinige tun wollte, um das Gelingen zu verhüten.

Wenn es mit dieser vorstehenden Darstellung seine Richtigkeit hat, dann ist es erlaubt, ein Befremden über die Anschauungen zu äußern, die sich in den mehrerwähnten Schriften von diesen Sachen kundgegeben haben.

Der Major Beitzke sieht in der Abberufung Wallmodens, die in diesem Fall hier allerdings durch eine spezielle Ordre des Kronprinzen geschah, das Äußerste, wodurch sich der böswillige Vorbedacht desselben am deutlichsten herausstellte. »Um das Maß der Zerstreuung der Kräfte aber voll zu machen,« so wird von ihm versichert, »erhielt Wallmoden vom Kronprinzen den Befehl, am 25. August (?) sich (dem Zusammenhange zufolge, von Hagenow, denn Beitzke weiß, wie schon gesagt, von Wöbbelin als einem Wallmodenschen Stadium zwischen Hagenow und Grabow nichts, Anm. d. Autors) über Grabow der Elbe und der Priegnitz zu nähern, um, wie es in dem schwedischen Befehle heißt, die weiteren Operationen des Marschalls, Prinzen von Eggmühl zu beobachten.«

Aus Mangel der Einsicht, dass die Wegbescheidung Wallmodens mit der augenblicklichen Lage bei Berlin in dem engsten Zusammenhange stand, ein Mangel, dem übrigens schon die Schrift über Wallmoden hätte abhelfen können, wird hier dem Kronprinzen die Ungereimtheit zugetraut, den General Wallmoden zur Beobachtung seines Gegners in einen so beträchtlich weiteren Abstand von demselben gerufen zu haben.

Es wird an dem Major Beitzke sein, die Existenz eines kronprinzlichen Befehles mit dieser Motivierung urkundlich zu erweisen. Wäre ein solches Dokument im Wallmodenschen Hauptquartier vorhanden gewesen, so würden Wallmoden selbst und die für ihn geschrieben, schwerlich unterlassen haben, dasselbe in extenso mitzuteilen, als schlagenden Beweis ihrer Berechtigung, sich von dem Kronprinzen des Übelsten zu versehen. Beitzke hat die primären Schriften über die niederelbischen Vorgänge, auf die der Historiker allerdings zurückgehen muss, nicht eingesehen, sondern er hat nur aus zweiter, dritter Hand entnommen. Und so mag er in einem seiner Hilfsmittel ein daselbst durch Flüchtigkeit verschuldetes Missverständnis einer Stelle angetroffen haben, die sich in dem schon 1814 zu Leipzig erschienenen ›Feldzug des Kronprinzen von Schweden‹, S. 171, nachlesen lässt. Da der ungenannte Autor dieser Schrift entschiedenster schwedischer Parteigänger war, so mag, was derselbe erstens als sein, des Erzählers, persönliches Referat und zweitens als eine augenscheinlich noch nicht zur Klarheit durchgebildete Vorstellung von dem Ineinandergreifen der Begebnisse beibringt, nach und nach als ›schwedischer‹ Bericht, dann in veränderter Beziehung, und endlich als schwedischer ›Befehl‹ aufgefasst sein.

Der andere, der anonyme Geschichtsschreiber des Wallmodenschen Korps besaß von der Kausalität in diesen Kriegshandlungen ein zu gutes Verständnis, um aus der Maßregel des Kronprinzen, wie außerordentlich sie war, eine Beschwerde gegen denselben zu machen. Allein indem er sich in der Methode seiner Arbeit (einer bloßen Skizze, die nirgends erläuternde Erzählung ist) einer Freiheit bedient, der gemäß er in der Anordnung der Materien, namentlich bei der hier einschlagenden Partie S. 24 ff. das Prinzip der chronologischen Ordnung fahren lässt und sich fortwährende Eingriffe in die Kontinuität der Ereignisse gestattet, wovor kein zeitlich sich entwickelndes Bild derselben aufkommen kann, bringt er die Abberufung Wallmodens nach Brandenburg an einem Ort und mit einer Datierungsweise vor, die wohl er selbst, nicht aber ohne Weiteres der Leser richtig zu verstehen vermag. »Es trat,« sagt er, »sogar der Fall ein, dass am 26. August (?) durch den Kronprinzen von Schweden, der zwischen beiden Schlachten von Großbeeren und Dennewitz Besorgnisse wegen seines rechten Flügels hegte, das Korps des Generals Wallmoden den Befehl erhielt, mit dem größten Teile nach Altbrandenburg zu marschieren und indessen den Marschall Davout zu maskieren; es ließ daher der General Wallmoden den General Tettenborn mit etwa 4.000 Mann in der Stellung bei Wöbbelin und marschierte mit dem Rest am 26. nach Grabow ... Auch dieses gewagte Stück hatte keine Folgen« (nämlich von Seiten des Marschalls Davout).

Durch diese Worte verrückt der Schriftsteller den Gesichtspunkt für die Beurteilung. Denn »zwischen den beiden Schlachten« heißt so viel als: nach dem Siege von Großbeeren; und damit fiele die Ordre des Kronprinzen in eine Zeit, wo mit Beseitigung der Gefahr die Rechtfertigung schon aufgehört hatte. Wenn so, wie hier, mit der zeitlichen Folge auch die ursächliche schwankend wird, dann ist die Manier, den geschichtlichen Stoff zu gruppieren, niemals zu billigen.

Die Abberufung Wallmodens aus Mecklenburg ist ein Faktum, welches für sich allein schon dem Historiografen dieses Generals den Argwohn hätte verbieten sollen, dass eine Schlappe desselben von der Hand Davouts dem Kronprinzen nicht unangenehm gewesen sein würde. Denn nichts ist einleuchtender, als dass, wenn ich Jemanden einer Gefahr entziehe, ich nicht will, dass er darin umkomme. Die Verdächtigung dieses Schriftstellers, dass der Kronprinz den Vorwand gern gebraucht hätte, um davonzugehen und sich an die Dänen zu machen, kann nicht energischer niedergeschlagen werden. Überdies, würden die preußischen und die russischen Generale seiner Treulosigkeit gefolgt sein? Und hätt' er"s denn etwa mit den Dänen allein zu tun bekommen? Welchen Täuschungen musste der Kronprinz sich hingeben, um dem kombinierten Feind gegenüber, der – abgesehen von den Stützpunkten in Hamburg und Harburg, in Glückstadt und Rendsburg, und von den weiter zurück auf den Inseln noch befindlichen dänischen Truppen, – numerisch schon durch seine Feldmacht der gesamten schwedischen Armee in Deutschland überlegen war, um also einen Erfolg für Norwegen zu hoffen, bevor ihm nicht durch ein Ereignis wie das über Leipzig der Weg geebnet war!

Der anonyme Autor rechnet ein wenig zu sehr auf die Gedankenlosigkeit seines Publikums; und so glaubt er, neben seiner ersten, vorwiegenden Tendenz, den Leser gegen die Gesinnung des Kronprinzen einzunehmen, auch die andere verfolgen zu können, nämlich den Marschall Davout in einem unvorteilhaften Licht erscheinen zu lassen. Für dessen gesamtes feldherrliches Verhalten vermag er keine andere Erklärung aufzufinden, als »Ängstlichkeit, Untätigkeit, Unentschlossenheit,« – nicht bedenkend, dass in demselben Maße, wie das richtig wäre, auch der Ruhm Wallmodens, vor einem solchen Gegner das Feld behauptet und dadurch dem Kronprinzen einen Strich durch den verräterischen Kalkül gemacht zu haben, eine Abminderung erleiden würde.

In der obigen Stelle soll es dem Fürsten Eggmühl zum Vorwurf dienen, dass er von der Abwesenheit Wallmodens nicht gewahr geworden sei und nicht die, so knapp gemessene, Zwischenzeit benutzt habe, um über die Schwäche Tettenborns herzustürzen. Hierbei ist der umfangreichere Standpunkt des nachherigen Betrachters, der alles schon in der Übersicht eines

Augenblickes als bekannte Tatsachen vor sich hat, nicht von dem notwendig viel enger begrenzten Standpunkt des Handelnden unterschieden; und es ist auch vergessen, dass es Pflicht des Historikers ist, den letzteren Standpunkt sich selbst und den Lesern stets zu vergegenwärtigen.

Auch hat es dem Verfasser nur durch die Entbindung von der historischen Regel, das Geschehene in der natürlichen Reihenfolge vorzuführen, möglich werden können, nicht unmittelbar darauf bemerklich machen zu müssen, dass gerade in dem Moment, als Wallmoden von Wöbbelin fortging, des Marschalls volle Aufmerksamkeit, zum Glück für die unseren, nach der entgegengesetzten Seite gewendet war.

Das Gefecht bei Retschow

In der Zwischenzeit des Abzuges Wallmodens, der sich eben erst bei Wöbbelin in der Meinung aufgestellt gehabt hatte, dass er selbst das Objekt für die nächste Tätigkeit des Marschalls Davout sein werde, herrschte im alliierten Lager die Anschauung einer verhängnisvollen Spannung, die dem Augenblick, unter dem noch unentschiedenen Zustand bei Berlin, durch die Ordre des Kronprinzen gegeben sei. In der Tat würden auch die paar tausend Mann, mit denen Tettenborn sich auf die Ludwigsluster Straße gelegt hatte, das Vordringen des Marschalls niemals ernstlich zu stören vermocht haben.

Indes zeigte der Verlauf, dass die Gefahr mehr nur in der eigenen Meinung vorhanden war. Denn Fürst Eggmühl behielt unverrückt den schon eingeschlagenen Weg im Auge, um seinen Zweck der Bedrohung des Kronprinzen weiter zu führen. Diesem Plan gemäß wurde von Wismar aus der General Lallemand zu einer Bewegung über Neubukow (2 3/4 Meilen) und Kröpelin (1 1/4 Meilen) auf Rostock (3 Meilen) detachiert, wohin Vegesack, der Landstraße über die genannten Städte folgend, sich zurückgezogen hatte. Dadurch kam es am Vormittag des 28. August zu einem Gefecht bei Retschow, etwa eine Meile südöstlich von Kröpelin, das als Kriegsereignis an sich selbst unbedeutend, doch wegen der Eigentümlichkeit dessen, was vor und nach daran hängt, eine gewisse Ausführlichkeit nötig macht, um dem Leser eine deutliche Vorstellung des einwirkenden und begleitenden Sachverhaltes, soweit solche jetzt überall noch möglich, zu vermitteln.

Der Generalleutnant von Vegesack war nach einem Marsch, der von Grevesmühlen bis Wismar 3 1/3 und von da bis Rostock sieben Meilen betrug, am 27. August früh in Person in letzterer Stadt eingetroffen. Hier in Rostock seiner Retirade ein Ende machend, erklärte er dem Magistrat, sich daselbst verteidigen zu wollen, ließ auch seine Artillerie aufführen und alle in der Stadt vorhandenen Pferde in Requisition setzen.

Um Mittag des Tages erfuhr man schon, dass sich Franzosen und Dänen bereits in Kröpelin befänden. Dann ließ Vegesack die beiden bei ihm befindlichen mecklenburgische Jägerkompanien wieder auf die Entfernung einer Meile von der Stadt vorgehen; die eine nach Niendorf am Wege nach Schwaan, die andere biwakierte bei Winsen an der Landstraße nach Kröpelin, von wo der Feind kommen musste.

Vegesacks Entschluss und die getroffenen Anstalten brachten in Rostock begreiflich nicht geringen Schrecken und Besorgnis hervor. Die Schiffe, welche im Hafen lagen, suchten die See zu gewinnen; die herzogliche Familie und die fürstlichen Räte und hohen Beamten aus Schwerin, die hier eine sichere Stätte gefunden zu haben meinten, gingen am 27. nach Stralsund ab. Die Regierung war faktisch wie aufgelöst oder außer Wirksamkeit.

Leider spielen die mit Rostock jetzt anknüpfenden Szenen des mecklenburgischen Kriegsdramas ziemlich im Halbdunkel. Man weiß wohl das Eine, das Andere, aber ohne die zeitliche und ursächliche Beziehung überall bis zu einem evidenten Punkt nachweisen zu können. Es ist zum Bedauern, wie wenig von mecklenburgischer Seite für die Aufbewahrung der Vorfälle, die sich 1813 in unseren Grenzen und unter Teilnahme der eigenen Truppen zugetragen haben, getan worden ist. So unlebendig ist das Interesse dafür gewesen, dass man nicht einmal auf der hiesigen Regierungsbibliothek an eine Sammlung der vorhandenen kriegsgeschichtlichen Literatur, soweit sie Mecklenburg mit berührt, gedacht hat.

Erst 1835 erschien von dem Wismarer Gymnasiallehrer Dr. Francke ›Mecklenburgs Not und Kampf‹, das einzige Buch, welches jenem speziellen Bedürfnis abzuhelfen bestimmt war und das danach vielfach als Quelle benutzt worden ist. Allein wie diese Schrift kaum irgendwo, so verhilft sie auch in der uns hier beschäftigenden Episode aus den Augustereignissen nicht zu einem einsichtigen Wissen. Es ging ihrem Verfasser das Talent der historischen Komposition ab; er besaß ebenso wenig das Geschick, ein Einzelnes mit dem Inhalt seines Details als anschauliches Gemälde auszuführen; und überdies gehörte er noch jener Periode der Geschichtsschreibung an, wo man es – zum Nachteil für das deutsche Volk, dem in der Verwaltung seiner anvertrauten Güter, deren eines die Geschichte seiner Leiden und vergeblichen Opfer ist, nur die ehrliche Wahrheit frommt – für wenig vereinbar mit patriotischem Sinne hielt, die Fehler der Führer nicht zu Vertuschen oder dem gegnerischen Teil gar einen Vorzug, eine Überlegenheit einzuräumen. Daher mag es gekommen sein, dass Francke, obgleich er, als freiwilliger Jäger in der zweiten Kompanie, die Geschichten unter Vegesack selber mitgemacht hat, doch gerade in der Partie über Retschow (S. 261 ff.) fast buchstäblich nur aus dem (vorstehend schon genannten) ›Feldzug des Kronprinzen von Schweden‹ (S. 171 ff.) entlehnte.

Diese Schrift aber, die freilich wohl nicht ohne Einblick in die Papiere des schwedischen Hauptquartiers abgefasst sein mag, behandelt die Geschichte durchaus als Panegyrikus auf den Prinzen und im schwedischen Interesse, und es ist nur da Verlass auf sie, wo der Kriegsruhm und das Verdienst, wie der Schwede es sich in Deutschland erworben haben soll, aus dem Spiel bleiben. Von Vegesack hat man ehemals gesagt (und es findet sich Ähnliches auch in der Halleschen Literaturzeitung von 1818, Nr. 116 ausgesprochen), dass er den Weitermarsch über Rostock nach Stralsund schon angeordnet gehabt habe. In diesem Falle würde man in den gleich folgenden Bemerkungen

Stoff zu einer Vermutung finden, weshalb sein Vorsatz nicht zu wirklicher Ausführung gediehen sei.

Zweitens soll Vegesack, jener schwedischen Schrift zufolge, fortwährend in der Meinung gestanden haben, dass das ganze Korps von Loison über Kröpelin heranrücke und dass dasselbe mindestens noch einmal so stark sei als er selbst – ein Irrtum, den auch Francke – wohl um dem nachdenkenden Leser eine allzu große Betroffenheit zu ersparen – sich nach 1835 ruhig mit aneignet. Wir haben Anlass gehabt, über Vegesacks, Loisons und Lallemands Mächtigkeit beizubringen, so viel davon zu wissen steht. Sicher ist, dass am Tag von Retschow Loison zu Wismar war; und kaum glaublich ist, dass Vegesack mitten in befreundetem Lande nicht bis zum 28. die Gelegenheit sollte gehabt haben können, seines Irrtums inne zu werden.

Drittens ist zuverlässig, dass schon am 27. durch einen an diesem Tag über Schwaan gekommenen Kurier die Kunde von dem bei Berlin errungenen Erfolg in Rostock eingetroffen war. So wird man in seiner Ansicht der Sachen nicht das Vorurteil zum Schweigen bringen können, dass durch die Siegesmeldung auf der einen Seite Mut und Tatendurst eben so freudig werde gehoben gewesen sein, als dadurch andererseits die Konjunktur sich dermaßen zum Nachteile der Gegner verändert hatte, dass deren Anführer bei der ersten Nachricht, die sie davon bekamen, unmöglich noch die Neigung zu weiterem Vordringen läger behalten konnten; und man wird, dünkt uns, die Frage nicht abweisen dürfen, welchen Gebrauch der General Vegesack am 28. und den nächstfolgenden Tagen von diesen ihm vorteilhaften Umständen gemacht habe.

Viertens ist Tatsache, dass Vegesack von Rostock aus, dem zwei Meilen entfernten Obersten von Müller den Befehl erteilte, sich von Schwaan nach Neubukow in Bewegung zu setzen, einem Punkt, der von Schwaan vier Meilen Weges entlegen war. Allein es bleibt ungesagt, wann die Ordre expediert worden sei: ob schon am 27., um dem Obersten Müller durch nächtlichen Marsch eine zeitige Ankunft möglich zu machen, eine Voraussicht, die man in Betracht des wirklichen Verlaufes am folgenden Tag kaum machen darf; oder ob erst am 23., und zu welcher Stunde. Damit fällt der Halt zu einer gesicherten Folgerung hinweg, welche Absicht der General Vegesack eigentlich besessen, und ob er sich die Aufgabe hätte machen können und müssen, derart in die Offensive überzugehen, dass der Gegner, nachdem er ihn bei Retschow eine Weile hingehalten, zwischen zwei Feuer gebracht und durch seine und Oberst Müllers Übermacht vernichtet worden wäre – ein Ausgang, ohne welchen, bei angenommenem Rollentausch, Männer wie Lallemand oder Loison sich vielleicht nicht zufrieden gegeben hätten.

Nach diesen unvorgreiflichen Gedanken erstatten wir zunächst unseren Bericht über das Gefecht bei Retschow, in allgemeinen, auch wohl unbestimmten Zügen, wie die literarischen Überlieferungen es allein ermöglichen. Die Brigade Lallemand hatte, ohne einen Feind gesehen zu haben, von Gadebusch her am 25. August Wismar erreicht. Nun gönnte der Divisionär Loison ihr am 26. einen Ruhetag, den sie zu Hornstorfer Burg, einem Landgut, etwa eine halbe Meile östlich von Wismar, an der damaligen Landstraße nach Bukow zubrachte. Unterdessen Loison selbst in und neben Wismar zurückblieb, ließ er am 27. den General Lallemand, ohne dass, dänischem Berichte folgend, die Truppe erst verstärkt worden wäre, auf demselben Wege über Neubukow und Kröpelin, den Vegesack eingeschlagen, nach Rostock vorgehen.

Den Zweck dieser Operation wird man, da während derselben die Botschaft von dem alliierten Sieg bei Großbeeren allen vorgreifenden Unternehmungen des Marschalls Davout ein Ende machte, bloß mutmaßlich bestimmen dürfen. Von einem Raubzug gegen die Warenlager von Rostock, wie es vorlängst geschehen, wird heute kein besonnener Geschichtsfreund mehr sprechen mögen; sondern man wird seine Conjectur[10] an die Voraussetzung einer militärischen Aufgabe binden und vielleicht die Absicht einer Rekognoszierung als das Wahrscheinlichste ansehen.

Lallemand lagerte am 27. bei dem Städtchen Kröpelin, vier Meilen von Wismar. Am 28., in Verfolgung der Rostocker Landstraße weitergehend, erreichte sein Vortrab früh den Hof Konow, nur noch anderthalb Meilen von Rostock. Damit war man in die unmittelbare Nähe der Vegesackschen Außentruppen geraten, als welche ausdrücklich die eine mecklenburgische Jägerkompagnie genannt wird, die sich bei Winsen aufhielt, und der zwei Schwadronen Schillscher Husaren, die schon zu der Zeit bei Hastorf gewesen zu sein scheinen.

Nicht zu bezweifeln ist, dass der Lallemandsche Trupp sich von Konow zurückzog, und sehr mutmaßlich geschah dies, weil er die Gegenwart der Unseren bemerkt hatte. Wahrscheinlich ist auch, dass infolgedessen der General Lallemand sogleich Bewegungen gemacht habe, um eine geeignete Stellung zu suchen, die er dann auf dem Gelände von Retschow nordwärts nach Hohenfelde, zunächst auf dem die Gegend etwas überhöhenden Kronenberge, vorteilhaft einnahm, zur Rechten, gegen Retschow hin, gedeckt durch ein Buchenholz, das er mit Tirailleuren besetzte, und durch ein altes Torfmoor.

Durch die hierbei stattfindenden Truppenverschiebungen mag bei den Alliierten die Meinung entstanden sein, die sich in dem schwedischen Skribenten und bei Francke ausspricht, dass »gegen alle Erwartung am Morgen des 28. die französischen und dänischen Truppen von Rostock zurückgegangen seien«; eine Angabe die, wörtlich genommen, nach Inhalt des dänischen Berichtes entschieden falsch sein müsste, und die auch mit dem Eintritt der gleich folgenden Dinge unvereinbar fein würde.

---

10 D. h. Vermutung, Anm. d. Red. 2018.

»Sobald der General von Vegesack die Nachricht von dem Abzuge des feindlichen Korps erhielt,« heißt es in der schwedischen Erzählung weiter, »ließ er dasselbe durch einige Detachements leichter Truppen lebhaft verfolgen.« Dies ist eine Übertreibung, die dahin zu ermäßigen sein dürfte, dass, ehe noch von höchster Stelle ein Befehl ergangen sein mochte, die wackeren Schillschen sich hinter der auf das Gros zurückziehenden feindlichen Vorhut hermachten und dieselbe da, wo der Weg von Hansdorf nach Ivendorf die Heerstraße kreuzte, rüstig angriffen. Sie scheinen sich aber zu weit gewagt zu haben, und wurden durch ein Geschützfeuer mit Verlust von Mannschaft und Pferden zum Weichen gebracht. Mit diesem Scharmützel war östlich von Retschow das Gefecht eröffnet. Als Erste nach ihnen kamen nordwärts von der Stelle schwedische Dragoner aufgeritten, indes, wie es scheint, ohne etwas zu unternehmen.

»Das Gefecht,« sagt der dänische Leutnant von Jahn, »schien anfänglich zu unserem Vorteil auszufallen, indem die feindlichen Vorposten zurückgedrängt wurden und sich erst jenseits eines kleinen, die Ebene durchrieselnden Baches setzten.« In dieser Stellung zeigten sich darauf auch die ersten inzwischen aus Rostock herbeigekommenen schwedischen Infanteriekolonnen. Doch mag sich einige Zeit noch keine Vegesacksche Artillerie am Platz befunden haben, und jene Truppen scheinen, da kein aktiver Versuch mit ihnen gemacht wurde, dem nachdrücklichen Feuer, welches die dänischen Dreipfünder auf sie richteten, eben so lange müßig bloßgestellt gewesen zu sein, bis man sie eine Strecke zurückzog.

So hatte von Seiten des Feindes die Kanonade eine Zeitlang angehalten, und der Angriff mit blanker Waffe auf die Alliierten war schon angeordnet, als der Wendepunkt eintrat. Vegesack nahm auch seinerseits die eigene und die mecklenburgische Artillerie des Leutnants von Rhein vor, und bekam durch ihre Zahl (es sollen nach Francke 18 Stücke gewesen sein) und durch das größere Kaliber gleich im ersten Augenblick ein bedeutendes Übergewicht über die feindliche. Es wurden dem Gegner drei seiner Kanonen demontiert, andererseits freilich auch eins der sechs mecklenburgischen Geschosse unbrauchbar gemacht und den Schweden ein Pulverkarren in Brand geschossen, ohne dass jedoch dieser Vorfall die mindeste Unordnung zur Folge gehabt hätte.

Während dieser gegenseitigen Kanonade entwickelte Vegesack zwar vor den Augen der Franzosen eine Masse Infanterie, deren Stärke drüben, nach dänischer Bemerkung, sofort als der eigenen überlegen erkannt wurde; indes er machte davon zu einer wirklichen Attacke keine Verwendung und beschränkte sich hier in der Front des Feindes auf das Spiel des groben Geschützes, wahrscheinlich weil er von der Ausführung eines andern Manövers, das er vorbereitet hatte, die hinlängliche Wirkung erwartete, um den General Lallemand zur Verlassung seiner Position zu nötigen.

Es war dies die Bemächtigung des in der rechten französischen Flanke gelegenen Gehölzes. Zu diesem Unternehmen hatte er die beiden mecklenburgischen Jägerkompanien, die erst nach neun Uhr etwa die Gegend von Retschow erreichten, und denen zwei Kompanien Schweden folgten, befehligt. Da die erwähnte Moorfläche und hinter derselben das Holz in der Tragweite der feindlichen Kanonen lagen, so war die Annäherung und der Angriff auf die Tirailleure, die ihrerseits an den Bäumen und einem querdurchgehenden ehemaligen Graben eine Brustwehr hatten, nicht eben leicht. Jedoch in der Erregung der Freude, endlich ihre erste Gelegenheit zu einer Waffenprobe bekommen zu haben, überwand unsere junge Mannschaft die Hindernisse, und in wetteifernder Tapferkeit mit den Schweden vertrieben sie die Franzosen aus dem Wald, an dessen Saum sie dann, dem Feind zur Seite, Posten fassten.

Nach der Ansicht von Jahns war durch die hervorgehobenen drei Umstände – durch den von der alliierten Artillerie erfahrenen Nachteil, da den Dänen infolge der Kanonade, die ihrerseits

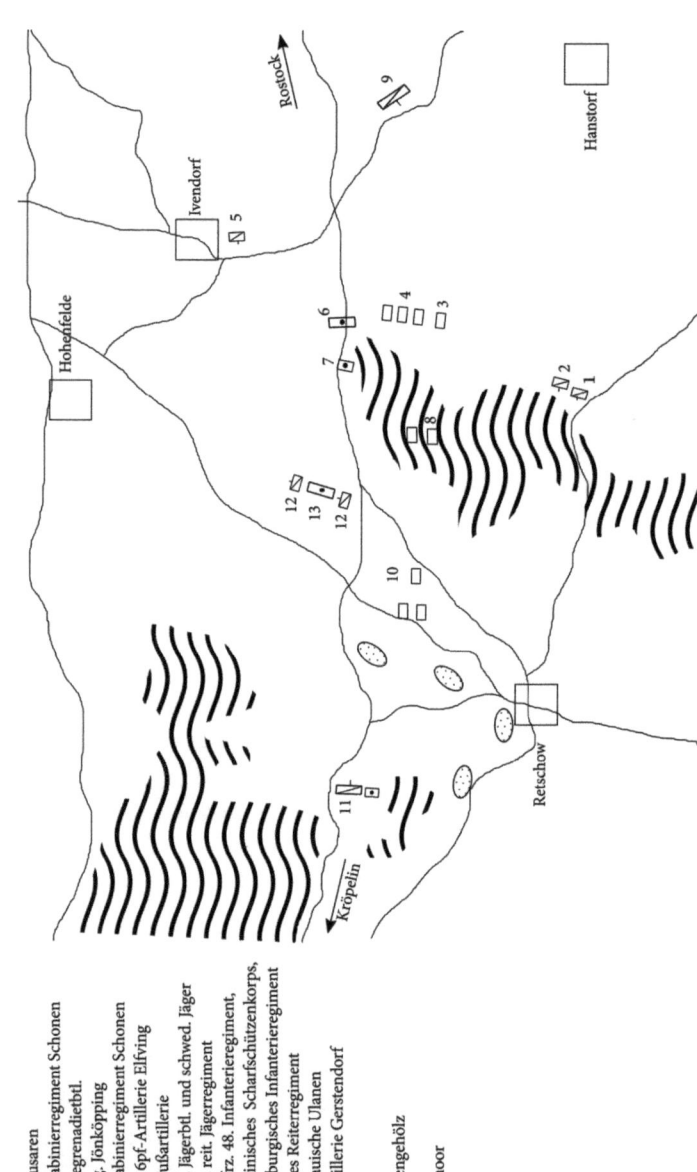

Abb. 3: Gefecht bei Retschow

1 Schillsche Husaren
2 1 Eskdr. Karabinierregiment Schonen
3 Meckl. Gardegrenadierbtl.
4 Infanteriereg. Jönköpping
5 1 Eskdr. Karabinierregiment Schonen
6 schwed. reit. 6pf-Artillerie Elfving
7 Meckl. 6pf-Fußartillerie
8 Meckl. freiw. Jägerbtl. und schwed. Jäger
9 Meckl. freiw. reit. Jägerregiment
10 Ein Btl. des frz. 48. Infanterieregiment,
   1. Btl. Holsteinisches Scharfschützenkorps,
   2. Btl. Oldenburgisches Infanterieregiment
11 Holsteinisches Reiterregiment
12 poln. 17. Litauische Ulanen
13 dän. 3pf-Artillerie Gerstendorf

〰 Buchengehölz
◯ Torfmoor

eineinhalb Stunden gedauert hatte, die Munition schon auszugehen anfing, ferner durch die Überzeugung von dem numerischen Übergewicht Vegesacks an Fußvolk, endlich durch den Verlust des Gehölzes und die beginnende Aktion der Jäger in Lallemands rechter Flanke – der Rückzug für diesen zur Notwendigkeit geworden. Er brach das Gefecht ab; aber doch erst, nachdem ihm kurz zuvor als Eilbote ein französischer Offizier zugesprengt gekommen, dessen Ankunft man aus den Reihen der Unseren deutlich sah, hastig, als habe er etwas Wichtiges zu melden.

Alliierterseits wurde geglaubt, dass die Franzosen den Marsch des Obersten Müller, der, wie erwähnt, von Schwaan nach Neubukow beordert war, gewahr geworden seien, und dass jener Offizier die Bestimmung gehabt habe, den General Lallemand auf diese Gefahr aufmerksam zu machen. Später ist indes durch den dänischen Schriftsteller von Hoegh (›Vertraute Mitteilungen‹) glaubwürdig versichert worden, dass der Offizier, den man gesehen, vom General Loison entsendet gewesen sei und den Befehl zur Rückkehr nach Wismar überbracht habe. Wenn dem so ist, dann wird nichts anderes übrig bleiben, als dass Loison von Seiten Davouts aus Schwerin schon die vertrauliche Mitteilung des Schlages gehabt habe, der die französischen Angelegenheiten bei Berlin getroffen, und wovon dem Marschall die Nachricht wahrscheinlich nicht viel später (über Hamburg) zugekommen sein wird, als die Unseren sie hatten. Nach der Niederlage von Großbeeren war Eggmühl genötigt, alle seine Kräfte zusammenzuhalten, um auf jegliches gefasst zu sein, und so mußte das große Ereignis, als erste vorläufige Wirkung auf den niederelbischen Krieg, hier der vorgeschobenen Bewegung gegen Rostock Einhalt tun.

Das waren die Umstände, die den General Lallemand zwangen, den Versuch aufzugeben, sich bei Retschow noch länger zu behaupten; und so trat er in guter Ordnung auf demselben Weg, wie er gekommen, über Kröpelin und Neubukow den Rückzug an.

Die jungen mecklenburgischen Jäger der 1. und 2. Kompanie, die hier bei Retschow ihre Feuertaufe erhielten, hatten sich in dem Kampf so rühmlich betragen, dass der General Vegesack sie öffentlich ehrte. Als sie nach beendigtem Gefechte an ihm vorbeizogen, hörte man ihn mehrmals rufen: »Wackere Jäger! Ah, brave Jäger!« Er hatte seinen Generalshut abgenommen und setzte ihn nicht eher wieder auf sein Haupt, als bis der letzte Mann an ihm vorüber war. Gerechtes Lob fand auch die Art, wie die mecklenburgische Artillerie der trefflich bedienten schwedischen geholfen und sich ihren Anteil an dem Erfolg verschafft hatte. Die Garde war nicht an dem Gefechte beteiligt gewesen.

Die Einbuße der Schillschen ist nicht bekannt. Nicht unbeträchtlich sollen, der Tradition zufolge, in dieser Affäre die Schweden gelitten haben. Bewohner der Gegend sahen, nachdem das Gefechtsfeld verlassen worden, Blutlachen auf mehren Stellen, wo ihre Infanterie gestanden; indes ist eine Angabe ihres Verlustes nirgends zu finden.

Was die Franzosen und Dänen betrifft, so kamen am 31. August, zwei Uhr nachmittags, sieben Wagen mit Verwundeten durch das Wismarsche Tor in Schwerin an. Dadurch erfuhr man hier von einem glücklichen Gefecht, das zwischen Wismar und Rostock stattgefunden habe; auch sah man am Abend Truppen und ansehnliche Artillerie aus Schwerin nach Wismar abgehen. Ihre Toten werden die Franzosen gleich den Schweden mitgenommen haben; auf der Wahlstatt traf man, an einem Gebüsch, noch eine französische Leiche an, die in dem Kirchhof zu Retschow begraben wurde.

Gleichzeitig mit der französischen Expedition nach Rostock fanden einige kleine Vorfälle in der Gegend von Wismar statt, deren Zusammenhang mit den auf jenes Unternehmen bezüglichen Bewegungen der Franzosen wahrscheinlich, wenn auch nicht nachweisbar ist, und von denen wenigstens die zwei erheblicheren der Vergessenheit entrissen zu werden verdienen.

Seit der Besetzung Wismars war überhaupt das Ostufer des Schweriner Sees, welches die Franzosen begreiflich zu bestreichen, und wo sie sich der Fahrzeuge zu bemächtigen suchen mussten, mehr und mehr streitig geworden zwischen ihnen und den hanseatischen Reitern, denen es aufgegeben war, hier die Kommunikation zwischen Wallmoden und Vegesack gesichert zu unterhalten. Doch scheinen Rubow und Retgendorf die äußersten Punkte gewesen zu sein, bis wohin die Franzosen sich an der Ostküste des Sees haben ausdehnen können.

Die Wismar zunächst gelegene Station der hanseatischen Kavallerie war Warin. Bei beiderseitiger Wachsamkeit gab es der Zusammenstöße umso öfter, da die Hanseaten ihre Sache ernsthaft betrieben, um Stellung, Stärke, Absicht der Feinde zu erfahren. Begreiflich ist, dass auch der General Loison, als die Operation nach Rostock im Gange war, größere Parteien ausschickte, um zu erkunden und das Terrain rein zu halten.

So geschah es, dass am 27. August zwei Patrouillen bei dem Hofe Moltow, fünf Viertelmeilen südöstlich von Wismar, auf einander gerieten. Der hanseatische Rittmeister von Pfeil mit seinen 30 Mann griff den noch einmal so starken feindlichen Reiterhaufen an, warf ihn in die Flucht, näherte sich aber in der Hitze der Verfolgung zu weit nach Wismar, wo dem Feinde Verstärkung kam, sodass nun er seinerseits mit Verlust und selbst verwundet zurück musste.

Bedeutender war am folgenden Tage, dem Datum von Retschow, die Begegnung, welche eine Abteilung hanseatischer Ulanen unter dem Major von Arnim mit einer weit überlegenen Menge Franzosen bei Hohen Viecheln hatte, an dem Weg, der von dort nach Jesendorf führte. Arnim kam von Jesendorf her und fand den Feind an dem Weg lagernd. Er griff ihn mit Heftigkeit an, und sein erster Ansturz fand wenig Widerstand. Der Feind retirierte nach einer Schanze hin, die auf dieser Seite von Viecheln aufgeführt war, und wo er den Hanseaten, die, durch ihren Erfolg verlockt, ihm kühn zu weit gefolgt waren, Stand hielt. Da sie notwendig zurück mussten, so waren sie nun dem Geschützfeuer der Schanze ausgesetzt. Sechs der braven Ulanen blieben tot auf dem Platz und mehre wurden verwundet. Für die Rettung der Standarte in dem gefährlichen Getümmel erhielt der Leutnant Haltermann der fünften Schwadron später vom Kronprinzen von Schweden die goldene Schwertmedaille.

Nachdem die Sache bei Retschow zu Ende gegangen, schickte der General Vegesack den bei ihm befindlichen, um die Bildung des mecklenburgischen freiwilligen Fußjägerregiments und durch Erhaltung des einer solchen Truppe anständigen zwanglosen Sinnes wohlverdienten, Obersten Grafen von der Osten-Sacken dem General Lallemand auf seinem Rückzuge nach. Allein er gab ihm außer den zwei Jägerkompanien nur ein schwedisches Bataillon und an Kavallerie bloß die wenigen Schillschen mit, statt mindestens seine eigenen schwedischen Reiter noch hinzuzutun. Diese schwächliche Veranstaltung sieht danach aus, dass man glauben möchte. Vegesack habe für ausreichend gehalten, zu wissen, wo der Feind bleibe.

Der dänische Leutnant von Jahn tut wohl nicht zu viel, wenn er, obgleich von einer anfänglichen Verfolgung durch Artillerie und Kavallerie sprechend, doch hervorhebt, dass der Rückzug Lallemands mit Ruhe und Ordnung geschehen, und dass erst bei Kröpelin, wo die mecklenburgischen Jäger an dem Gefechte Teil genommen, dasselbe ziemlich lebhaft geworden sei. Zwischen Retschow und Kröpelin scheint kaum etwas stattgefunden zu haben. Über den Vorgang bei Kröpelin aber sagt Francke, der mit dabei war: »Vor Kröpelin auf der Höhe ward einen Augenblick Halt gemacht; der Feind hatte das Stadttor geschlossen, um die Verfolgung zu hemmen und einen Vorsprung zu gewinnen. Eine Abteilung Jäger umging links die Stadt und traf vor dem andern Tore schon die (Schillschen, Anm. d. Autors) Husaren, denen die Bürger das Tor geöffnet hatten. Der Feind war einige hundert Schritte vorausgeeilt, und setzte sich noch einmal bei einbrechender Dämmerung vor und in dem

Hofe Detershagen, wo er links durch einen Bruch gedeckt war, und rechts einen Park fand, dessen Hügel und Gemäuer einen augenblicklichen Haltpunkt gewährten. Der Angriff ward hier von zwei Seiten, links hinter dem Bruch, gegen den Herrenhof, und rechts vom Wege, gegen den besetzten Park gerichtet, welcher mit stürmender Hand von den Jägern und Schweden genommen wurde.« So bemühte sich der Selbstantrieb der Mecklenburger, der Schillschen und auch der schwedischen Soldaten, wieder einzubringen, was Vegesack für die Ehre der Waffen versäumt hatte.

Aus der Gegend von Kröpelin ging Lallemand noch denselben Abend des 28. August unbehelligt bis hinter Neubukow zurück, einem Städtchen fünf Viertelmeilen von Kröpelin entlegen, und biwakierte in der Nachbarschaft. Die Vorhut Vegesacks brachte diese Nacht in und bei Kröpelin zu, während das Gros noch bei Retschow lagerte. Man hat wohl, steht zu vermuten, die Ankunft des Obersten von Müller aus Schwaan erst erwarten wollen, dessen Wiedervereinigung mit den übrigen Truppen Vegesacks auch bis zum Morgen des 29. hin geschehen zu sein scheint, und zwar bei Kröpelin, soweit aus den Angaben Frankes gefolgert werden mag. So durfte Lallemand die Nacht nicht bloß ruhig rasten, sondern er konnte die Unseren noch gar schockieren. Eine große dänische Patrouille sprengte nämlich durch Sackens Lagerstätte, dass Pferde wild wurden und die der mecklenburgischen Geschütze davonliefen. Der Leutnant Rhein geriet darüber in Streit mit dem Chef, dem er eine unpassende Wahl des Ortes vorwarf, indem er zu seiner persönlichen Rechtfertigung ein Kriegsgericht verlangte, wozu es freilich nicht kam. Die Sache ist unklar.

Mit dem ferneren Rückmarsch nahm der General Lallemand es nicht eiliger, als die Umstände eben erforderten. Er begab sich am folgenden Tage, den 29., aus seinem nächtlichen Aufenthalte nur anderthalb Meilen weiter über Altbukow nach Neuburg, einem Pfarrdorf in hügeliger Umgebung, noch 1 1/4

Meilen von Wismar ab. Da lagerte er auf dem Schanzberge. Die Vegesackschen Vortruppen kamen am 29. nicht über Neu- und Altbukow hinaus, wo sie die Nacht zum 30. zubrachten, bemüht, den Feind durch zahlreiche Wachfeuer zu täuschen, den sie noch bei Neuburg wähnten. Indes kamen doch Patrouil- len, die nächtlich bis zum Schanzberge, etwa drei Viertelmeilen vorwärts Altbukow, vorgegangen waren, schon mit der Nach- richt wieder, dass die Gegend verlassen sei.

Und wirklich war Lallemand noch am 29. von Neuburg nach dem Gehöft Hornsdorfer Burg zurückgegangen, von wo er am 27. ausgezogen war, und wo er jetzt Trotz bietend stehenblieb. »Der Feind,« sagt der mehrgenannte Offizier aus diesem Korps, der Leutnant von Jahn, «begnügte sich damit, uns, statt seiner Reiterei, einen Spion nachzusenden, der erwischt wurde, und der nach ausgestandener Todesangst als Gefangener nach Wis- mar transportiert ward, wo er wahrscheinlich erschossen ist.«

Die Vegesacksche Abteilung, welche wir so eben, vom 29. August sprechend, als Vortruppen des Generals bezeichneten, zählte nicht mehr bloß die wenigen, die unter Osten-Sacken von Retschow her dem Feind nach Kröpelin gefolgt waren und ihn am Abend des 23. verhindert hatten, sein Quartier gar hier oder zu Detershagen zu nehmen. Es war vielmehr eine ansehn- liche Masse, um es mit Franckes eigenen Worten zu sagen, von »elf Schwadronen, dem Regimente mecklenburgischer Fuß- jäger des Obersten Sacken, einigen Bataillons Infanterie und zwei Kanonen«, über welche nunmehr der Oberst von Müller, als Älterer, den Befehl führte.

Unterdessen diese Mannschaft, wie gesagt, am 29. bis Alt- bukow vorging, kam zweitens der Oberst von Bot mit der mecklenburgischen Garde und Artillerie, südwärts der Bu- kower Heerstraße, auf der kürzesten Linie von Retschow über Zarfzow und Klausdorf gegen Neuburg heranmarschiert; und drittens war auch die hanseatische Kavallerie von Warin her- beibeordert und unterwegs. Alle diese teils schleppenden, teils zu spät angeordneten Bewegungen hätten nur dann noch zu etwas führen mögen, wenn Lallemand unvorsichtig genug gewesen wäre, um länger bei Neuburg stehen zu bleiben. Er war aber mittlerweile, vielleicht zu seiner eigenen Verwunderung, dass er seit Detershagen nicht einmal eine Bedrohung erfahren hatte, schon in Hornsdorf angelangt.

Endlich am Nachmittag des 30. August rückte die Spitze der Vegesackschen Avantgarde gegen Wismar vor. Sie bestand aus der zweiten, dritten und vierten Kompanie der mecklenburgischen Jäger nebst einer Kompanie und einer Schwadron Schweden. Bei ihrer Annäherung wagte Lallemand nicht, seinen Aufenthalt draußen noch zu verlängern, sondern zog sich bis zur Stadt zurück, wo er am Altwismartor hinter einer Art Schanze aus Sandsäcken Kanonen aufstellte. Von Seiten der Unseren ging die zweite mecklenburgische Kompanie voran, bestimmt, unter dem Leutnant von Freiburg den Angriff auf das genannte Tor zu machen, inzwischen die Gefährten zur Unterstützung bereit blieben, teils auch das Pölner Tor beobachten sollten.

Während jene Mannschaft damit beschäftigt war, die Häuser zur Rechten des gegen das Tor führenden Dammes nacheinander zu durchsuchen, nahmen die Feinde ihre Geschütze schon in die Stadt zurück. Ihr Abzug aus Wismar war beschlossen. Um ihn zu decken, hatten sie vor dem turmartigen Altwismartor und in dem Durchgang desselben Frachtwagen und Gebälk mit Teertonnen aufgehäuft, die sie anzündeten, während ihr Marsch zum Mecklenburger Tor hinaus vor sich ging.

Der Gefahr, die durch dieses Feuer über die Stadt kommen konnte, wussten die Bürger glücklicherweise bald zu begegnen. Bei seinem Weggange hatte Loison drei Mitglieder des Magistrates, den Bürgermeister Fabricius, den Syndikus von Breitenstern und den Stadtsekretär Walter ergreifen und als Geißeln fortführen lassen, die sich mit dem Tode bedroht sahen, weil sie ihm die geforderte Auskunft über die Stärke Vegesacks nicht hatten geben können oder wollen.

So war freilich am Abend des 30. August Wismar geräumt; allein Loison war im Angesichte der Stadt mit seinem Korps stehen geblieben. Seine letzte Linie ging von der Papiermühle über Rothentor bis gegen St. Jakob; die Brigade Lallemand befand sich bei dem Dorf Karow, eine halbe Meile südlich von Wismar, in der Richtung nach Schwerin. Wegen dieser Nähe des Feindes wagte es denn die wenige befreundete Mannschaft auch nicht, diesen allerdings mit einer Mauer eingeschlossenen, aber auch leicht zu umgehenden Ort sofort zu besetzen. Man begnügte sich damit, dass die Schillschen Husaren hineinstreiften, um sich zu überzeugen, dass er leer war; dann biwakierte man die Nacht in und bei den Rohlstorfer Tannen.

Erst am folgenden Morgen, den 31. August (nicht den 30., wie bei Franke steht, der es auch anderer Orten mit der Datierung etwas sorglos nimmt) betrat die kleine Abteilung die Stadt, und fing an, die dem Feinde zugewandten Tore zu bewachen. Bald aber zeigte sich, dass Loison nur, weil er die gestrige Erscheinung derselben für ein Zeichen ernsthafter Nachfolge angesehen, vorhin gar keinen Versuch gemacht hatte, Wismar zu behaupten. Sobald er die Überzeugung gewonnen, dass sich von dem übrigen Vegesackschen Korps bei Wismar nichts zeigen wollte, schickte er noch am Nachmittag des 31. um vier Uhr die Brigade Lallemand, verstärkt durch einen ansehnlichen Zuschuss Franzosen, wieder gegen Wismar vor.

Durch diese Bewegung sah sich die unbedeutende Schar drinnen, um nicht abgeschnitten zu werden, genötigt, ihm nach einem schwachen Widerstand die Stadt zu überlassen. Nun zog Loison zum zweiten Mal in Wismar wieder ein, dessen Bewohner seitdem noch zwei Tage lang die Angst vor seiner Brutalität auszustehen hatten. Bei seiner Rückkehr fürchtete man auch deswegen gewalttätige Handlungen, weil den abziehenden Franzosen aus einer Dachrinne ein Brett auf die Köpfe geworfen war. Umso mehr ließ die Obrigkeit sich angelegen sein, den noch rückständigen Betrag der Brandschatzung durch gütliche Beredung von den Bürgern beizutreiben. Die Hauptmasse seiner Truppen hielt Loison außerhalb der Stadt auf dem dieselbe dominierenden Galgenberg, dem jetzigen Kirchhof, in einem Biwak vereinigt. Am Abend des 31. ging, wie wir bereits zu bemerken Veranlassung hatten, eine beträchtliche Verstärkung, besonders an Artillerie, von Schwerin nach Wismar für ihn ab. Am 1. September ließ er auf der Rostocker Seite der Stadt Schanzarbeiten anfangen, wie wenn er noch lange zu verweilen gedächte. Indes sollte ihm seine Zeit doch glücklicherweise nur bis zum 2. September zugemessen sein, wo er in nächtlicher Stunde Wismar verließ.

Was den Geschichtsschreiber Wallmodens betrifft, so war es diesem Schriftsteller, indem er die Begebenheit von Retschow außer Zusammenhang an einer willkürlichen Stelle vorweg nahm, genug, dass Lallemand zurück musste, um ihn »auf Wismar zurückgedrängt und Davout bei Schwerin in eine ängstliche Untätigkeit versetzt werden zu lassen, dass er keine Reognoscirung wagte«, als wenn das Auslangen nach Rostock gar keine militärische Aktion gewesen wäre. Der Verfasser wollte freilich kein ausgeführtes historisches Gemälde liefern, vergaß aber, dass auch die flüchtigste skiagrafische Zeichnung nur insofern einen Wert haben kann, als sie dem Gegenstande durch die Konturen seiner charakteristischen Züge ähnlich ist. Hier nun findet man nicht einmal den Versuch, die Operation nach Rostock kriegsgeschichtlich zu erklären. Dieser Versuch, sofern der Skribent ihn anstellte, hätte notwendig auf eine Zweckbeziehung in der Stellung bei Schwerin hingeleitet, und dadurch wäre denn freilich die Strategie Eggmühls in eine Beleuchtung getreten, worin man sie nicht vorstellen durfte, wenn man nicht der Absicht der Bespöttelung geradeswegs zuwider handeln wollte.

Um schließlich wieder auf den General Vegesack zu kommen, so war die kleine so isoliert gebliebene Vorhut seines Korps, die sich etwa 24 Stunden lang vor und in Wismar hatte zeigen dürfen, am 31. August nach Neuburg zurückgegangen. Wo der General selbst sich seit Retschow befunden, sagt die Überlieferung nicht. Ebenso wenig lassen sich die Orte seiner übrigen Abteilungen während dieser Tage genauer bestimmen, als wir sie vorausgehend bis zum 29. im Allgemeinsten anzugeben vermochten.

Soweit uns berichtet worden und wir jetzt noch zu übersehen im Stande sind, waltete keine äußere Ursache ob, die den schwedischen General abhielt, am Tage von Retschow energischer zu handeln, oder wenigstens nach dem Gefecht seinen Marsch in der Art zu befördern, dass er am 31. mit seinem ganzen Korps bei Wismar war. Seine Nähe würde diese Stadt vielleicht eines zweiten Besuches der Franzosen überhoben haben, – unangesehen, was die Waffenehre erforderlich machte. Man kann sich unmöglich der Meinung enthalten, dass die Tatkraft des Generals Loison durch die Nachricht von Großbeeren nicht in eben dem Maße einen deprimierenden Eindruck sollte erfahren haben, als er seinen Gegner aktiv gesehen hätte.

Freilich wird man für die Beurteilung nicht außer Acht lassen dürfen, wie Loison sich vor diesem seinem Gegner insofern im Vorteile befand, dass er nach Wahrscheinlichkeit stärker war als Vegesack, dass er aus Schwerin Unterstützung bekommen konnte, die er denn auch in der Tat erhielt, und dass er sich im ungünstigsten Falle ohne erhebliche Gefahr dahin zurückziehen zu können hoffen durfte: allein dieser Vorteil konnte sich, bei der Ungewissheit, worin Loison in Betreff der Machtverhältnisse Vegesacks vorher gestanden, bewusterweise wohl nur erst durch die Zuversicht für ihn verwirklichen, welche die ungehinderte Wiederbelebung von Wismar ihm einflößen musste. Wie er frank und frei hatte zurückkehren dürfen, so blieb er auch vom 31. bis zum letzten Augenblick völlig ungestört; und Vegesack hielt sich in einem derartigen Abstand, dass jener mit Fug hätte sagen können, er habe vor Wismar gar keinen Feind zu Gesichte bekommen. Die gänzliche Untätigkeit des alliierten Generals in den letzten Tagen erklärt sich jedoch wohl aus der Wahrscheinlichkeit, dass es gerade damals zwischen ihm und Wallmoden Kommunikationen werde gegeben haben über eine von letzterem angeregte Idee, sein Hauptkorps von Wöbbelin über Warin heranzuführen, um in Gemeinschaft mit Vegesack den General Loison zu Wismar anzugreifen.

Lässt sich demnach über die Statistenrolle, welche Vegesack, nachdem der Feind nun einmal Wismar wieder besaß, diesem gegenüber spielte, vielleicht eine mildere Ansicht rechtfertigen, so bleibt hingegen sehr die Frage, ob ein militärischer Beurteiler sich rücksichtlich der voraufgegangenen Tage, als und so lange man alliierterseits bloß eine Abteilung von Loisons Streitkräften vor sich hatte, eben so glimpflich dürfte vernehmen lassen. Es sei von der Leitung bei Retschow nicht die Rede, weil die Überlieferung von dem eigentlichen Gefechtsereigniss zu dürftig ist, um danach urteilen zu können. Allein unumstößlich sind die Tatsachen, dass Vegesack keinerlei Anstalt gemacht hatte, um seine Truppen von Schwaan mit denen von Rostock für das schon am 27. als notwendig erkennbare Zusammentreffen mit dem Feind zu konzentrieren, dass er viel weniger noch durch rechtzeitige Entbietung der ersteren auf die feindliche Rückzugslinie den Vorsatz einer ernsthaften Unternehmung kundgegeben und dass er nicht einmal die vorhandenen Mittel zu einer wirklichen Verfolgung hergegeben hat. So ist denn billigerweise auch nur er für den durch die Seltenheit überraschenden Anblick verhaftet, dass der feindliche General sich ganz nach Belieben von dem Kampfplatz bei Retschow wegbegeben und seine Truppen bis Kröpelin fast ungefährdet, von da aber bis Wismar ohne die mindeste Belästigung zurückführen konnte.

Durch die unerhörte Saumseligkeit der Bewegungen nach dem Gefecht bildet diese Geschichte ein Seitenstück mit Übertreibung zu dem Schauspiel, welches der Kronprinz von Schweden nach Großbeeren und nach Dennewitz und Fürst Schwarzenberg nach der Schlacht von Leipzig aufführte. Und andernteils gleicht der Rückmarsch Lallemands von Retschow nach Wismar Zug für Zug dem unerschrockenen Benehmen des Marschalls Oudinot von Großbeeren bis Wittenberg.

In der Depesche an Oudinot vom 13. August hatte Napoleon gesagt: »Es ist wahrscheinlich, dass der Kronprinz von Schweden diese Schweden besonders schonen wird; dies könnte Uneinigkeiten veranlassen.« Für Oudinot war das nicht vergebens gesprochen; und Lallemand bedurfte einer solchen Erinnerung vollends gar nicht; denn die Dänen, welche er kommandierte, deutsche wie eigentliche, brannten vor Eifer, den Schweden, in welchen sie, der Ursache des Krieges wegen, ihre Beleidiger und Herausforderer sahen, einmal im Felde zu begegnen, – ein Wunsch, der ihren Kameraden erst sehr spät, erst bei Bornhöved am 7. Dezember, ein erstes und einziges Mal in Erfüllung gegangen ist.

Der Baron von Vegesack, persönlich brav, woran niemand zweifelt, aber der hier in dem niederelbischen Kriege, das begreift sich leicht, keineswegs einen rein militärischen Auftrag zu erfüllen hatte, hielt den Gedanken, seine Schweden nicht exponieren zu dürfen, unter Umständen, wo ein Ergebnis verbürgt war, wenn er nur von dem Kriegsmute und der Kampfbegier der Mecklenburger und der Schillschen Gebrauch machen wollte, denen er seinerseits bloß die moralische Unterstützung durch die Anwesenheit größerer Anzahl zu leisten brauchte, er hielt seinen Gedanken mit einer Unbedingtheit fest und setzte die ganze Kriegspolitik Karl Johanns mit einer Peinlichkeit in Praxis, die sicherlich selbst die Intention und das Maß dieses Fürsten verfehlte. Er mag zu sehr bloß gewöhnter Soldat gewesen sein, um sich, im Sinne des Kronprinzen, selbst zu sagen, was Napoleon bei einer Instruktion seinem Marschall Davout zum Überfluss noch einschärfte: »Sie wissen, dass man den Geist meiner Befehle und nicht den Buchstaben derselben studieren muss.«

Rückzug Eggmühls von Schwerin und Wismar

So standen die Sachen, als der Monat September anfing, eine Reihe von Tagen schon nach Eingang der Zeitung aus Großbeeren. Wallmoden hatte diese Nachricht am 26. August, und auch der Marschall hatte sie sehr bald gehabt, wie Löwendal geflissentlich hervorhebt, als Zeugnis, dass Eggmühl über den Zustand der Dinge in den Gegenden der Hauptereignisse stets gut unterrichtet gewesen sei.

Loison war zu Wismar und Davout stand fortwährend zu Schwerin. Wallmoden, seit dem 27. August von Grabow zurück, hatte die Stellung von Wöbbelin wieder inne, und vorwärts von ihm befand sich Tettenborn zu Ortkrug, zwei Meilen von Schwerin. Um sich den dreister gewordenen Neckereien der Kosaken und der mit ihnen aufhockenden Jäger zu entziehen, die keck durch die beim Ortkruge beginnenden Waldungen vorgingen, hatte der Marschall, der diese Gehölze von Anfang unbesetzt gelassen, seine Pikets schon zurückgenommen, als wollte er die Gegner drüben nicht ferner beachten.

Auf beiden Stellen, zu Wismar und zu Schwerin, schienen die Franzosen unbeweglich bleiben zu wollen. Mit andern Worten: es hatte das Ansehen, dass Fürst Eggmühl von der Alternative, in welche die herrschende Meinung ihn durch den Ausfall bei Berlin versetzt glaubte, nämlich sich hinfür defensiv in Mecklenburg behaupten oder aber den Rückzug antreten zu müssen, das erstere Teil zu wählen entschlossen sei. Dieser

Lage durfte Wallmoden unmöglich ruhig zusehen. Wie sehr auch der Marschall in der Überzahl sein mochte: Wallmoden war es der durch den Sieg von Großbeeren frisch gehobenen öffentlichen Stimmung, er war es dem wackeren Geiste seiner Truppen schuldig, seinerseits etwas zu unternehmen, um in seinem Wirkungskreise zur Befreiung Deutschlands tätig Hand anzulegen, d. h. Mecklenburg vom Feind zu säubern.

Da die Position von Schwerin zu gesichert war, um in der Front leicht angegriffen werden zu können, so fasste Wallmoden den Plan, gegen den nördlichen Flügelpunkt derselben zu operieren. Er setzte sich daher am Nachmittag des 2. September von Wöbbelin in Marsch über Friedrichsmoor durch den Lewitzbruch und die Gegend von Crivitz, um hinter dem deckenden, beinahe drei Meilen langen Schweriner See herum sich über Warin mit Vegesack zu verbinden und am 4. September Wismar anzugreifen. Unterdessen sollte Tettenborn fortfahren, den Marschall zu Schwerin zu beobachten und ihn maskieren.

Dieses Wallmodensche Manöver war unter den Umständen zuverlässig das einzige, welches die Wirkung haben konnte, die Franzosen und Dänen aus Mecklenburg weg und auf ihr eigenes Gebiet zurückzudrängen. Der Gedanke war umso richtiger, da man, je nach dem Erfolge, freie Hand behielt, vereint weiter zu gehen oder sich wieder auf seine früheren Punkte zu begeben. Es konnte freilich als möglicher Fall angenommen werden, dass der Marschall, den Vorgang rechtzeitig bemerkend, dem General Wallmoden südlich um den See nachfolgte, um ihn in den Rücken zu nehmen; allein bei der Schwierigkeit der Situation im Allgemeinen, worin Davout sich dermalen schon befand, konnte eine eigentliche Gefahr wohl nicht daraus erwachsen, höchstens der vorübergehende Nachteil, einen Augenblick von der Straße nach Berlin ab- und gegen Stralsund gedrängt zu werden.

Der Geschichtsschreiber von 1848 setzt den General der Ungunst aus, dass der Leser, verstimmt, dessen wirklichem Verdienste den gebührenden Beifall schmälere, wenn er das Projekt Wallmodens erst, mit ungeschicktem Ausdruck, statt des männlich würdigen Motivs, womit wir vorstehend die Wahrheit besser getroffen zu haben meinen, bloß durch »die gänzliche Untätigkeit und größere Ängstlichkeit des Feindes hervorgerufen«, und dann doch ruhmredig für etwas ausgegeben sieht, »was in jeder andern Lage und gegen einen tätigen Gegner Vermessenheit gewesen wäre.« Ganz ebenso hatte sich auch Wallmodens eigene Schrift von 1817 schon ausgesprochen.

Die zur Beobachtung des Marschalls zurückgelassene Abteilung Tettenborn war übrigens in dem Augenblick nicht einmal vollzählig da. Der Major von Lützow nämlich war noch nicht von seinem Streifzuge zurück. Er hatte sich, weil nach dem Überfall bei Rosenberg seines Bleibens in der Nähe der zahlreichen Truppen von Wittenförden und Eulenkrug nicht länger sein konnte, mit seiner Reiterpartei an die Südwestgrenze Mecklenburgs begeben, um dort dem Marschall Abbruch zu tun und seinen Verkehr mit Hamburg zu stören. In der Gegend streifend hatte er erfahren, dass sich vier Kompanien Franzosen nebst einigen Ulanen vorwärts von Boizenburg zwischen Gothmann und Altendorf befänden. Auf die Abfangung dieses Postens sinnend, war er am 31. August von Zarrentin nach Wittenburg zurückgegangen und hatte rasch 300 Mann seines Fußvolkes auf Wagen von Wöbbelin über Hagenow herbeikommen lassen, mit denen er am 1. September abends bei Goldenbow zusammentraf. Den 2. mit Tagesanbruch langten sie vor Boizenburg an; indes war der Feind, wahrscheinlich benachrichtigt, schon nach Lauenburg zurückgegangen. Um diese Truppenteile des Majors von Lützow war also das Korps Tettenborns damals abgemindert, als ihm zum zweiten Mal die Aufgabe zufiel, allein dem Marschall gegenüber zu bleiben.

Die Bewegung Wallmodens war in vollem Gange, die russisch-deutsche Legion war zum Teil durch angestrengten Marsch am 3. September morgens zeitig schon bis Sternberg und Brüel entfernt, als plötzlich Halt zur Umkehr gemacht werden musste. Es hatte nämlich der General Tettenborn dem Grafen Wallmoden (in Bezug auf welchen Crivitz und auch Pinnow, 1 ½ Meilen südöstl. Schwerin, als der Ort vorkommt, bis wohin er gelangt sei) durch Eilboten die Meldung nachgesandt, die er selbst früh am 3. September in Ortkrug erhalten, dass der Feind um Mitternacht Schwerin gänzlich verlassen und den Weg rückwärts nach Gadebusch eingeschlagen habe.

Tettenborn an seinem Teile hatte unter diesen Umständen unverzüglich die Lützowschen Truppen (deren Stab sich seit dem 27. August zu Lüblow, nahe bei Wöbbelin befand) samt dem Freibataillon Reiche und einer Zahl Kosaken in gerader Richtung nach Wittenburg in Marsch gesetzt, wo auch der Major Lützow, der die Abteilungen seiner Streifpartei inzwischen wieder an sich gezogen, am Nachmittag des 3. September mit seinem Korps zusammentraf. Eine größere Partie Kosaken hatte Tettenborn schleunigst zum Vorrücken gegen Schwerin befehligt, um die Posten anzugreifen, die der Marschall, seinen Abzug zu verbergen, hatte stehen lassen, und die über den Haufen geworfen und großenteils gefangen genommen wurden.

Schon nach sechs Uhr am 3. September sah man in Schwerin die ersten Kosaken durch die Straßen jagen. Sie waren bald von Schwärmen munterer Jungen umgeben, und zwei von ihnen wurden durch einen Haufen, bei welchem auch der Schreiber dieses selbst sich befand, zum Spieltor hinaus geführt, wo sie in der Nähe der Bischofsmühle zwei zurückgebliebene und auf den Weg nach Wismar verirrte Franzosen erhaschten. Von deren Habseligkeiten wurde einiges unter uns in die Grabbel geworfen, und darauf der Rückzug zur Stadt angetreten, den die beiden mit reichlichen Rippenstößen vom Lanzenschaft regalierten Franzosen eröffneten. Bald danach geschah dann ein entsetzlicher Auftritt, worin, unter Autorität von Kosaken, das aufgeregte Rache- oder Gerechtigkeitsgefühl des Volkes sich tumultartig Luft machte gegen einen höheren Beamten, der sich in den Verdacht verbrecherischen Einverständnisses mit den Feinden gesetzt hatte.

Was Eggmühl betrifft, so war bei ihm der Vorsatz zur Räumung Mecklenburgs gleich anfangs nach der erhaltenen Kunde von der Schlacht bei Großbeeren beschlossenen Sache gewesen. Er verheimlichte gegen den Grafen Löwendal durchaus nicht den Zustand der Dinge in Preußen und was für ihn als unerlässlich daraus folge.

Sonst erfuhr in seiner Armee kein Offizier, geschweige denn ein Soldat, je etwas von nachteiligen Kriegsereignissen in der Ferne; er ließ seine Leute die Dinge so ansehen, wie die französischen Bulletins, ihre einzige Lektüre, sie darstellten. Bei der in Vergleich mit heute noch so unendlich beschränkten öffentlichen Mitteilung war es dem Marschall möglich, mit Konsequenz und mit Erfolg das System durchzuführen, seine Truppen in vollständigster Unwissenheit dessen zu erhalten, was in der militärische und in der zivilen Welt vorging. Dies dünkte ihn das geeignetste Mittel, die Meinungen und Leidenschaften der Soldaten zu leiten und das, was die Basis eines Esprit du Korps ausmachen sollte, in Händen zu haben. Es leuchtet ein, dass die dadurch erzeugte intellektuelle Nullität bei den höheren Offizieren nachteilig werden konnte, sobald es sich um Ausrichtung von Aufträgen handelte, die mehr als bloß militärisch waren. Indes Davout ließ nicht von einer Weise, die jedem denkenden und national gesinnten Manne kränkend und schmerzhaft sein musste.

Auch gegen den Major Löwendal, den dänischen Kommissar, der sich seit Eggmühls Wiedereintritt in Hamburg (30. Mai) neben ihm befunden, hatte derselbe längere Zeit mit seinen Nachrichten geheimnisvoll zurückgehalten. Das hatte sich aber unterdessen schon geändert, und jetzt betrug er sich offenherzig. »Der Anschlag gegen Berlin,« sagte er zu Löwendal, »ist für dies Mal fehlgeschlagen. Der Feind hat jetzt die Mittel in Händen, bedeutende Massen gegen uns zu detachieren; wir sind zu weit vorgegangen, um ihn hier erwarten zu dürfen, da man uns leicht von Hamburg abschneiden könnte. Wir müssen daher zurückgehen und bei Lauenburg und Ratzeburg eine feste Stellung nehmen, die zugleich Holstein und Lübeck deckt.«

Die Gegend von Ratzeburg hatte er, als er dies sprach, schon durch Offiziere seines Stabes rekognoszieren lassen. In der Fürsorge wegen der Sicherung seines Rückzuges von Schwerin hatte er auch, nach Löwendal (der dies S. 91, ohne weitere Beziehung, bloß zum gelegentlichen Beweise anführt, wie berechnet Eggmühls Bewegungen immer gewesen seien) ein Detachement nach Lauenburg beordert, durch welches die Aufmerksamkeit seiner Gegner von ihm selbst ab und in eine ganz falsche Richtung gelenkt werden konnte; und wir wissen bereits, dass Ende August französische Truppen diesseits Boizenburg erschienen, von denen der Major Lützow in Erfahrung gebracht hatte.

Auch der militärische Laie sieht leicht, wie verständig es vom Fürsten Eggmühl war, dass er nicht durch den kleinen Vorteil, einige Quadratmeilen feindlichen Gebietes länger besetzt zu halten, einen wichtigeren Gegenstand bloßstellen, und nicht durch partielle Gefechte eine Menge Truppen, die für ihn jetzt unersetzbar waren, aufopfern wollte. Trat er bis an die Stecknitz zurück, so war er dort – der Erfolg hat das Richtige dieses Blickes nur zu glänzend für ihn gerechtfertigt – unangreifbar; er konnte daselbst die weitere Entwicklung der Dinge bei den großen Armeen ruhig abwarten, um, wenn Napoleon Glück hatte (woran Davout vielleicht nicht mehr glaubte), seinerseits leicht wieder aggressiv vorzugehen.

Noch während seiner Anwesenheit zu Schwerin empfing der Marschall die Nachricht von dem Misslingen der alliierten böhmischen Armee gegen Dresden. Er ließ deswegen am 1. September von 12 bis 1 Uhr mittags mit allen Glocken der städtischen Kirchen läuten, und nachmittags durch ein Extrablatt der Schwerinschen Zeitung eine in französischer Sprache mit nebengedruckter Übersetzung abgefasste, bis zum Abend des 27. August reichende Erzählung der Ereignisse bei Dresden verbreiten, als »offizielle Nachrichten, welche die französischen Autoritäten soeben erhalten.« Aber in seinen Entschluss brachte dieser Vorteil, den die Napoleonischen Waffen in Sachsen davongetragen, keine Änderung. Es handelte sich für ihn nach wie vor nur noch um den geeigneten Zeitpunkt zu einem ungefährdeten Abzug von Schwerin und Wismar.

Dies Abwarten des günstigen Augenblickes soll nach der dänischen Darstellung die wahre Ursache gewesen sein, weshalb Davout so lange ruhig zu Schwerin stehen blieb: und jedem unbefangenen Betrachter wird diese Anschauung leicht als stichhaltig erscheinen dürfen. Der Wallmodensche Historiograf von 1848, an den man ohne Unbilligkeit einen andern Maßstab legt als an die Schrift von 1817 oder an den ›Tettenborn‹ Varnhagens von 1814, hat es nicht der Mühe Wert gehalten, seinen Lesern diese Verhältnisse als Handhabe für ein eigenes Urteil vorzulegen. Ihm zufolge hatte der Marschall die Kunde von Großbeeren schon fünf bis sechs Tage vor seinem Abgang von Schwerin. Der Umstand wäre der Unparteilichkeit eines wahrhaftigen Historikers ein Reiz gewesen, dem Grund des Verzuges bei den gegenteiligen Schriftstellern nachzuforschen; und ein Menschenalter nach dem Krieg hätte wohl ausreichen mögen, um durch Benutzung der inzwischen dargebotenen Mittel die Pflicht, welche man dem zuvorigen Kriegsruhme des französischen Feldherrn jedenfalls schuldig war, zu erfüllen.

Unser Schriftsteller aber, in seiner Freiheit, den Geschichtsstoff zu ordnen, wusste die Sache anders anzufangen. Von dem, über jedes mögliche feldherrliche Beginnen Eggmühls ein für allemal entscheidenden – und zugleich den Grafen Wallmoden in eine beruhigende Lage versetzenden – Ereignisse bei Groß-

beeren vorweg sprechend, statt seinen Lesern diesen Wendepunkt vorläufig möglichst zum Vergessen zu bringen, macht er
die Sache vielmehr so vorstellig, als hätte Eggmühl durch seine
Operation auf Schwerin gewissermaßen schon damit angefan-
gen, sich daselbst »umso mehr in eine lächerliche Defensiv-
stellung versetzt zu sehen, als er mit imposantem Scheine die
Offensive begonnen und schon einen Gouverneur von Mecklenburg ernannt hatte.« Es mochte ihm schon als große Mäßigung gelten, dass der früher gebrauchte akrobatisch-drastische-
re Ausdruck Defensiv-›Attitüde‹ vermieden wurde. Nach seiner
Versicherung »ist es unmöglich, auf irgendeine Art dies unun-
terbrochen vom 23. August bis 3. September (?) fortdauernde
Benehmen (des Fürsten Eggmühl) zu erklären, da es gar keinen
militärischen Zweck erfüllte als den, dem Gegner Zeit zu verschaffen, sich zu organisieren, seine Artillerie (das heißt, fügen
wir hinzu, die unterdes fertig gewordene zweite reitende Batterie der russisch-deutschen Legion, Anm. des Autors) mobil zu
machen und seinen neuen ungeübten Truppen Mut zu geben.«
Wir wollen es einfach dem Geschichtsverlauf zur Entscheidung
verstellen, ob der Marschall Davout von seinem verlängerten
Aufenthalt zu Schwerin wirklich keinen Vorteil gehabt, und ob
nicht Wallmoden schließlich durch den Moment, den jener für
die Beendigung seiner vermeintlichen ängstlichen Untätigkeit
ergriff, doch eine Überraschung erfahren habe.

Am zweiten September, nach einer zehntägigen Anwesenheit, fand der Abzug der Franzosen von Schwerin statt. Schon
um Mittag dieses Tages begann die Bewegung aus der Stadt
und den Lagern von Ostorf und Neumühl und aus der Nieder-
lassung der holsteinischen und derartigen Bauernfuhrleute auf
dem Stadtfelde, die zwischen dem bei ihrer Ankunft teilweise
noch gehockten Korn arg gehaust hatten. Gegen Mittag ging
der hessische Prinz, gegen drei Uhr nachmittags reiste Eggmühl selbst ab; und gegen elf Uhr nachts, am 2. September,
hatten die letzten Reste seiner Truppen die Stadt verlassen, un-

gerechnet einzelne Spätlinge, die am nächsten Morgen den Kosaken in die Hände fielen. Die Richtung war nach Gadebusch und Rehna genommen, von wo es auf Ratzeburg und Lübeck weiter ging.

War es, fragt man, ein glücklicher Zufall für den Marschall, dass sein Aufbruch aus Schwerin mit dem begonnenen Marsche Wallmodens von Wöbbelin nach Warin zusammenfiel? Löwendal selbst äußert sich hierüber nicht; allein sein Übersetzer, der Leutnant von Jahn behauptet, Davout habe davon gewusst, dass Wallmoden sich von seiner Front entfernte, und auch, mit was derselbe umgehe, und habe schlau genug die hierdurch ihm dargebotene Gelegenheit wahrgenommen, um seine Rückbewegung nach Ratzeburg ohne die Furcht bedeutender Beunruhigung auszuführen. Ob diese Aufstellung Grund habe oder nicht, vermag niemand zu sagen.

An demselben Tag der Evaluation von Schwerin wurde spät abends, auf Eggmühls Befehl, auch Wismar verlassen. Loison machte am 2. September seine Soldaten mit dem Sieg von Dresden bekannt und befal der Einwohnerschaft, diese frohe Nachricht am Abend durch eine allgemeine Illumination zu begehen und einen Ball zu arrangieren, der allerdings auch gemacht wurde und wo es nicht an französischen Offizieren fehlte. Den Truppen im Biwak aber, bei denen Jahn sich befand, war schon nachmittags die Weisung erteilt, sich um 9 Uhr zum Aufbruch fertig zu halten, womit denn auch um 4 Uhr begonnen wurde. Man weiß nicht, wann die Eggmühlsche Ordre an Loison angekommen, man kann daher auch nicht beurteilen, ob die Veranstaltung des Generals bloß den Wismarschen zum Hohne sein oder ob sie den Zweck haben sollte, die Aufmerksamkeit von seinen Vorbereitungen abzuziehen. Geglaubt wurde hernach dies letztere; bedurft hätte Loison, wie uns jetzt die Sache vorliegt, eines solchen Mittels freilich nicht.

Loisons Rückzug aus Wismar hatte einerlei Richtung mit dem des Hauptkorps über Gadebusch. Den Weg nahm von Wismar anfänglich auch die Brigade Lallemand! Am Morgen des 3. September aber musste diese nach gehaltener mehrstündiger Rast, sich rechts auf Grevesmühlen wenden. Von hier gingen Lallemands Truppen geteilten Weges weiter, so dass er selbst direkt über Schönberg auf Lübeck marschiert, unterdessen der Oberst Waldeck sich mit der ganzen Bagage, zwei Schwadronen des holsteinischen Reiterregiments, dem Bataillon holsteinischer Scharfschützen und zwei Kanonen von Grevesmühlen seitwärts nach Dassow bewegte.

Es gab also in der Fortsetzung der Retirade zwei Hauptwege, über Gadebusch und über Grevesmühlen, durch welche die Verfolgung der Eggmühlschen Armee bestimmt wurde. In der ersteren Richtung wurde von Schwerin nachgesetzt, in der anderen von Wismar her; aber von beiden Punkten zu spät oder mit zu schwachen Kräften, um dem Feinde noch einen wirklichen Schaden zufügen zu können.

Für die Verfolgung von Schwerin ward freilich nichts versäumt; allein der Vorsprung, den durch den nächtlichen Marsch selbst der feindliche Nachtrab schon gewonnen, war zu bedeutend. Dennoch bekamen die beiden am Morgen des 3. September aus Schwerin fortgerittenen Kosakenpulks, deren einer unter dem Rittmeister Herbert die Landstraße nach Gadebusch einschlug, während die andere Abteilung unter dem Grafen Münnich dem Feinde die Flanke abgewinnen wollte, jenseits Gadebusch noch Gelegenheit zu Plänkeleien mit der dänischen Nachhut, die bis Groß Thurow fortdauerten, wo der Feind sich ernsthaft setzte.

Etwas erheblicher waren die Begebnisse, die sich bei dem rechten feindlichen Flügel zutrugen, obgleich im entferntesten nicht der Art, um den Besorgnissen zu gleichen, die der Marschall gerade für diesen Teil seiner Truppen gehegt hatte. Man weiß nicht, wo der General Vegesack sich in der Nacht vom 2. auf den 3. befand. Wir wollen (weil eine Stelle im ›Feldzug des Kronprinzen‹ S. 174 so gedeutet werden kann) das für ihn günstigste annehmen, dass er, in Erwartung Wallmodens, persönlich zu Warin, drittehalb Meilen südöstlich von Wismar gewesen sei. Durch Wismarsche Bürger soll der Abzug der Franzosen bald gemeldet worden sein. Doch kam Vegesack mit seinem Korps erst am fünften bis Grevesmühlen, drittehalb Meilen vorwärts von Wismar; und inzwischen war nur eine sehr geringe Mannschaft hinter dem Feinde tätig.

Die Nacht zum dritten war dunkel und regnerisch; der ungeheure Wagentrain Loisons erschwerte den Marsch; der Wegweiser führte absichtlich oder aus Dummheit die Truppen irre: es würde daher für die Vegesackschen ein leichtes gewesen sein, den Feind einzuholen und Beute zu machen. Sind dies freilich teilweise Umstände, die man nicht wissen konnte, so trifft den General dennoch der Vorwurf, dass er sein Benehmen von Retschow konsequent auch jetzt ein zweites Mal gezeigt hat. Denn es fällt durchaus nur dem Höchstkommandierenden zur Last, dass nicht bloß am Frühmorgen des dritten die erwähnte Trennung beim Korps Loison stattfinden durfte, ohne dass bis dahin die mindeste Fahrnis zu bestehen gewesen wäre, sondern dass auch die beiden Abteilungen der Brigade Lallemand am Abende des dritten die eine Dassow, die andere Schönberg hatten gewinnen können, ohne von einem nachfolgenden Feinde eher als in der Frühe des 4. September etwas zu Gesicht zu bekommen.

Da geriet bei Anbruch des Tages eine Reiterpartei von kaum 60 Mann, je zur Hälfte bestehend aus Schillschen Husaren des Leutnants von Rohr und aus mecklenburgischen Jägern des Leutnants von Blücher (später Klosterhauptmann zu Malchow), die als Avantgarde von Wismar nach Grevesmühlen geschickt waren und hier von dem feindlichen Marsch nach Dassow erfahren hatten, an der Brücke vor diesem Flecken auf eine dänische Feldwache von 120 Mann. Diese Leute waren abgesessen und riefen in der ersten Überraschung Pardon. Als sie aber die geringe Zahl der Gegner bemerkten, griffen sie zu den Karabinern, und wurden darüber niedergehauen, soweit sie sich nicht durch die Flucht retteten.

Außer der erbeuteten Standarte wurden 30 Schwerverwundete und eben so viele Pferde hinweggeführt. Den feindlichen Anführer, Rittmeister von Wedel Jarlsberg. der sich durchaus nicht hatte ergeben wollen, ließ man mit gespaltenem Kopf zurück; er wurde in der Apotheke zu Dassow verbunden, und ist bald hernach im Spital zu Kiel verstorben. Dieses eben so kurze als erbitterte und blutige Scharmützel von Deutschen mit Deutschen hatte seinen weiteren Erfolg, weil der Oberst von Waldeck mit dem Rest seiner Mannschaft aus Dassow herbei kam, wovor die Unseren zurückgehen mussten, unterdessen der Oberstleutnant von Leschly den Wagentrain zu retten suchte. »Die mit einem glücklichen Überfall verbundene Bestürzung der Truppen war nur zu sichtbar«, sagt der Leutnant von Jahn; allein um den Vorteil zu benutzen, der ganz außerordentlich hätte sein können, dazu würde eine beträchtlichere Anzahl der Verfolger nötig gewesen sein, und der Leutnant von Jahn hatte kein Recht zu sagen, dass die Sieger es nicht verstanden hätten.

An demselben Morgen des 4. September hatte der Major von Arnim mit seinen Hansestischen Ulanen Schönberg erreicht, wo Lallemand den Abend vorher eingetroffen war. Die Überrumpelung der französischen Vorposten gelang wegen der Wachsamkeit derselben nicht. Indes über dem sich entspinnenden Gefechte geschah es, dass Lallemand, um seinen Rückzug zu sichern, obwohl er sehen konnte, dass bloß einige wenige Kavallerie ohne Geschütz hinter ihm war, die Häuser in der Nähe der Brücke über die Mauern in Brand stecken ließ, wodurch 21 Gebäude ein Raub der Flammen wurden.

Nach diesen Affären bei Dassow und Schönberg hatte jede der beiden feindlichen Abteilungen ihren Weg fortgesetzt. Sie vereinigten sich bei Schlutup, wo sie die Nacht ungestört zubrachten. Die hanseatischen Reiter aber, durch Bewohner der Gegend an einer anderen Stelle über die Maurin geführt, waren wieder in ihrer Nähe. Die bedrängten den Feind, als derselbe am fünften früh nach Lübeck weiter zog. Die Neckereien setzten sich bis in die Nähe der Stadt fort; und da geschah es, dass bei Wesloe, eine halbe Meile von Lübeck, als man schon in der Umkehr begriffen war, der tapfere Arnim noch durch eine Kanonenkugel getötet wurde.

Nachdem wir so der Retirade Eggmühls flüchtigen Blickes nachgesehen, wenden wir wieder nach Schwerin um. Hier war gegen 10 Uhr morgens am 3. September der General Tettenborn an der Spitze eines Teiles seiner Kosaken eingezogen. Auf seine Veranstaltung wurde durch die Redaktion der Zeitung sogleich ein Blatt veröffentlicht, welches die Wahrheit über die Angelegenheiten auf dem großen Kriegsschauplatz darstellen sollte. Die damals sehr bescheiden mit einem halben Bogen in Kleinquart zwei Mal wöchentlich ausgegebene ›Neue Schwerinsche politische Zeitung‹ war während des Aufenthalts der Franzosen nicht erschienen. Außer derselben las man zu der Zeit in Schwerin überhaupt bloß den ›Hamburger Correspondenten‹, der eben nichts als ein französisches Blatt war, und die ›Berliner Zeitung.‹ Da letztere vom 19. August an völlig ausgeblieben war und erst am 9. September wieder einging, so wusste man während der Zwischenzeit von dem Stand der Dinge bei den alliierten Armeen gar nichts, als was am 1. September die französischen Autoritäten, am 3. Tettenborn publizieren ließen, und was ferner an diesem Tag nach dem Weggang der Franzosen, der Redakteur und Verleger Bärensprung durch ein Extrablatt seiner Zeitung über die Lage vor Dresden vom 26. August (wo es für die Alliierten günstig stand) »nach direkt auf dem kürzesten Wege von den Vortruppen der Armee des Kronprinzen von Schweden bei Luckau ihm zugekommene Nachrichten« mitzuteilen vermochte. Nächst Tettenborn kamen selbigen vormittags, unter den Freudenbezeigungen des Volkes, einige Abteilungen Wallmodenscher Truppen und dieser General selbst, bei welchem sich der mit Jubel begrüßte

Prinz Adolph befand, in Schwerin an. Außerdem trafen dann auch Wallmodens Unterbefehlshaber Lyon, Arentschildt und Dörnberg ein. Man sah die gesamte Generalität in dem damaligen Kirchnerschen Hotel beisammen.[11]

Tettenborn verließ schon am Nachmittag des dritten die Stadt wieder. Er ritt, soweit ich damals und später gehört zu haben mich entsinne, gen Gadebusch hinaus; doch war er am Abend des dritten zu Wittenburg. Dorthin hatte er erwähntermaßen, früh am Morgen, ehe er von Ortkrug nach Schwerin kam, schon die Lützower und die Reicheschen nebst einigen Kosaken dirigiert. Nun war ihm im Laufe des Tages bekannt geworden, – und nach dem, was eben über ihn selbst und vorhin über die Richtungen seiner von Schwerin abgegangenen Kosaken angemerkt worden, lässt sich vermuten, wie er dies habe erfahren können – dass nämlich von Gadebusch aus eine französische Truppe von 2.000 Mann mit Geschütz links seitwärts

---

11 Um sich von der zu einer Verbreitung der kriegerischen Neuigkeiten aus Sachsen damals erforderlichen Zeit eine Vorstellung zu bilden, möge der Leser zu der obigen Angabe hinzunehmen, was vorausgehend über die Eggmühlsche Veröffentlichung vom 1. September angemerkt worden ist. Mit der Expedition dieser Nachrichten an Davout wird man in Dresden nicht gesäumt, und der Marschall seinerseits wird nicht verfehlt haben, insbesondere die Schweriner Druckerei sofort in Wirksamkeit treten zu lassen. Freilich wird diese Depesche nur auf dem Umwege über Leipzig, Magdeburg und Hamburg nach Schwerin gekommen sein. Dadurch unterscheidet sich der Fall von dem folgenden, bei Durchsicht der Zeitungen mir aufgestoßenen, Beispiele, bei welchem sich mit dem in der Sache liegenden Antriebe zur äußersten Beschleunigung der günstige Umstand verband, dass kein Hindernis obwaltete, um die Beförderung auf dem nächsten Wege zu beschaffen. Nämlich zur vorläufigen Mitteilung über das Resultat der Leipziger Ereignisse vom 18. Oktober fertigte der Kronprinz von Schweden am 19. Oktober 8 ½ Uhr morgens einen Kurier an das Militärgouvernement zu Berlin ab, wo man die Nachricht am 20. Oktober, nachmittags 3 Uhr, als so eben eingegangen, durch ein Extrablatt der Berliner Zeitung verkündete. Eine Abschrift von diesem Zeitungsblatte gelangte dann aus dem Hauptquartier Wallmodens am 22. Oktober 8 ½ Uhr abends nach Schwerin, und wurde am 23. Oktober durch ein Extrablatt der Schwerinschen Zeitung bekannt gemacht.

nach Zarrentin entsendet worden war. Wahrscheinlich sollte dieselbe durch zeitige Gewinnung der Südspitze des Schaalsees den Marsch der Armee um das nördliche Ende dieses Sees nach Ratzeburg sichern und durch Zuvorkommen die alliierte Kavallerie verhindern, dass sie das Hauptkorps in der Flanke beunruhigte.

Davout, umsichtig alle möglichen Zufälligkeiten stets vorher ins Auge fassend, hatte auch an diese Eventualität gedacht, dass die Gegner seinen Rückzugsplan erraten und auf der linken Seite seines Weges etwas vorbereiten könnten, um ihm in die Quere zu kommen; und er hatte deswegen schon in der Nacht vom 2. zum 3. September die Gegend von Zarrentin durchkunden lassen; indes hatte sich bei dieser Gelegenheit hier noch nichts gezeigt. Umso beruhigter mochte er wegen der unterwegs am dritten angeordneten Detachierung sein. Allein Tettenborn hatte Kunde davon bekommen und leitete noch am Abend des Tages eine Bewegung von Wittenburg gegen Zarrentin ein, deren Befehl er dem Major Lützow übertrug. Mit Tagesanbruch am 4. September war Lützow bei Zarrentin; und so gab es an diesem und dem folgenden Tage einige nicht ganz unbedeutende Gefechtsvorfälle, die sich von Zarrentin über Teßdorf und Gudow bis in die Nahe von Mölln erstreckten, und die als das (erste) Gefecht bei Mölln bezeichnet zu werden pflegen.[12]

Von Schwerin hatte Tettenborn auch, der hier gepflogenen Besprechung gemäß, eine Abteilung Kosaken nach Dömitz und Dannenberg abgehen lassen, um sich zu dem Obersten Kielmannsegge als Verstärkung und mit dem Auftrag zu begeben, die Gegenden dort zu durchspähen. Bald sollten dann diese Kosaken, in der raschen Entwicklung der Ereignisse, bloß die Vorläufer des gesamten Wallmodenschen Korps sein. Da nämlich, infolge der schon gemachten Vorrückung auf dem

---

12 Die Schrift ›Das Grab bei Wöbbelin‹ hat von diesem in den Einzelheiten abweichend erzählten Gefecht eine allgemeine Darstellung versucht, S. 150.

Wege nach Warin, die Truppen Wallmodens erst bis früh am 4. September alle Schwerin zu erreichen vermochten, wo sie zwischen der Stadt und dem Haselholz kampierten, der Feind also durch seine glückliche Wahl der Zeit um einen Tag voraus und damit für die Alliierten die Möglichkeit verloren war, ihn noch einzuholen, so entschieden sich Wallmoden und die übrigen Generale für den Marsch auf Dömitz, der am 5. September mit dem ganzen Korps über Ludwigslust angetreten wurde.

Diese auf den ersten Blick so befremdende Bewegung Wallmodens nach Dömitz hatte ihr Motiv in der Annahme, die man sich bildete, dass Davout, da er die Stellung von Schwerin ohne einen unmittelbar zwingenden Grund verlassen habe, vielleicht die Absicht hegen möchte, einen Teil seiner Streitkräfte über die Elbe zu werfen, um entweder Magdeburg zu verstärken oder noch eine Diversion gegen die Flanke der alliierten Nordarmee auszuführen.

Es fehlt uns vollständig an jeglicher Erklärung alliierterseits, welche faktische Begründung diese Meinung bei ihnen gehabt habe. Sie muss aber als sehr nahegelegt erschienen sein, da auch der Kronprinz von Schweden den damals bei Brandenburg an der Havel als Vermittlungsposten zwischen Wallmoden und der Nordarmee und Magdeburg stehenden Oberstleutnant von der Marwitz befehligte, sich mit seiner unterhabenden Brandenburgischen Landwehrbrigade nach Dömitz zur Verfügung Wallmodens zu stellen.[13]

Es bietet sich jedoch zur Aufhellung der immerhin interessanten Frage eine Vermutung dar, entlehnt aus der erwähnten Beobachtung, die Lützow von der plötzlichen Rührigkeit der Franzosen an der Elbe zu machen Gelegenheit gehabt hatte, in Verbindung mit der angeführten Bemerkung Löwendals, dass der Marschall selbst beflissen gewesen sei, die Augen seiner Gegner dorthin zu verleiten, um bei der projektierten Verlassung Schwerins möglichst unbehelligt zu bleiben. War nun was

13 Man vergleiche hierzu ›Das Grab bei Wöbbelin‹, S. 296.

von Wallmodens Seite geschah, eine Folge von Eggmühls List, so erhielt dieser dafür freilich eine Strafe durch die Beunruhigung, welche ihm die Nachricht einjagte, die er bekommen hatte, »dass der Feind bedeutende Verstärkungen aus der Gegend von Berlin entsendet habe«, eine Übertreibung, die einzig und allein den Heranzug des von der Marwitz zur Veranlassung gehabt haben kann: allein der Nutzen verblieb doch ihm, indem der Irrtum, worein Wallmoden geraten war, seinem leichten Marsche nach Ratzeburg und seiner ungehinderten Festsetzung in den Lokalitätsvorteilen der Stecknitz zu Statten kam.

Wallmoden befand sich am 6. September zu Dömitz. Er hatte auch noch das Lützowsche Korps dahin beschieden. Als dasselbe jedoch, am 6. September, nach dem Gefechte bei Mölln, von Zarrentin aufgebrochen, eben bis Lübtheen gelangt war, musste es schon am 10. wieder nach Zarrentin umkehren. Denn inzwischen hatte Wallmoden aus den Meldungen der am linken Elbufer auf Kundschaft ausgewesenen Parteien der hanseatischen und hannöverschen Jäger und der Kosaken die Überzeugung gewonnen, dass dort keinerlei Unternehmung des Feindes zu vermuten sei. Daher mussten die sämtlichen Truppen von Dömitz nach Hagenow und Wittenburg zurückgehen. Unterdessen war Davout bereits an seinem Ziel angelangt; und es blieb dem General Wallmoden nur übrig, von Zarrentin aus, am 11. und 12. September die Stecknitz-Linie zu rekognoszieren, in welcher sein Gegner sich seit dem 4. so unbeschwert hatte konzentrieren dürfen. Danach nahm Wallmoden sein Hauptquartier zu Hagenow.

Die einfache Konstatierung dieser faktischen Umstände ist der beste Indemnitätsschein für den Grafen Wallmoden. Der Geschichtsschreiber freilich des Generals, nachdem er S. 25 den Marschall »zwischen seinen Seen eingesperrt« hat, »wo er ängstlich nach Nachrichten forschte und durch Briefe, die man in Menge auffing, nichts als Besorgnisse seinerseits bewies«, dieser Historiograf wählt eine andere Vorstellungsweise, um begreiflich zu machen, wie Davout aus der Klemme herauskommen konnte, ohne dem General Wallmoden die »Gelegenheit zu einem Angriff (auch nur) der Arrieregarde[14]« zu lassen. »Dieser Fehler (!),« sagt er S. 29, »war nicht Wallmoden zur Last zu legen, da nichts in der Welt die entfernteste Veranlassung gegeben hatte, diesen Rückzug zu vermuten, derselbe auch bloß infolge von Davouts Unentschlossenheit plötzlich bestimmt worden war.«

Ist Varnhagen von Ense (S. 53) zu glauben, so »vermochte der Marschall Davout, erschreckt durch die am 1. September publizierten Nachrichten, die durch einen bloßen Zufall ihm diesmal zugekommen waren, die zwar mit Vorteilen begonnen, aber zu Niederlagen geführt hatten, seine ängstliche Lage nicht länger auszuhalten, sondern eilte plötzlich, von Furcht ergriffen, die Stecknitz wieder zu gewinnen. So beschloss,« sagt Varnhagen, »dieser Feldherr seinen mecklenburgischen Feldzug, in welchem er seinen Kriegsruhm, den er etwa mitgebracht hatte, völlig und für immer einbüßte, und mit einer beträchtlichen Streitmacht einem geringeren Truppenkorps gegenüber zum Gespötte wurde."

Varnhagens ›Tettenborn‹ und Wallmodens eigene anonyme Schrift von 1817 haben zuerst den Ton für die als stereotyp fortgepflanzten Redensarten angeschlagen, denen zufolge Fürst Eggmühl zu Schwerin ein bemitleidenswerter Mann gewesen sein müsste, dem über dem kompletten Mangel aller Neuigkeiten der Verstand umnebelt und das Herz schier entfallen war. Sieht man dagegen den Grafen Löwendal, der als täglicher Gefährte in diesem Stück jedenfalls die Erfahrung gemacht haben konnte, so wusste der Marschall Davout stets ganz gut Bescheid, und seine Handlungen erscheinen als Wirkungen bewusster, aus einer richtigen Anschauung der Kriegslage entnommener Gründe. Sein Verkehr mit Hamburg war, trotzdem dass ihm durch die Kosaken und zumal durch die Streifen, wel-

---

14 D. h. Nachhut, Anm. d. Red. 2018.

che Lützow nach dem 26. August zwischen Ratzeburg und Boizenburg machte, mehre Kuriere verloren gingen, keineswegs ganz unterbrochen. Auch sparte er weder Geld noch Mühe, um sich Spione und Auskunft, auch durch aufgefangene Briefe, zu verschaffen.

Wohl wissend, was ein kommandierender General sich selbst und seiner Sache im feindlichen Lande schuldig ist, wurde kein Gefangener, kein Deserteur, kein Spion, ja sogar kein Bauer von den Dörfern außer der Linie eingebracht, die Davout nicht selbst befragte. Diese Sorge, die dem im Felde alt gewordenen Offizier so wohl anstand, ist von jenen und von anderen Schriftstellern, als wären sie ganz und gar Neulinge im praktischen Kriegsfache gewesen, verhöhnt worden. Sie hätten statt dessen durch Tatsachen dartun sollen, dass den Marschall Davout all sein Bemühen nicht davor geschützt habe, durch seine Gegner getäuscht oder überrascht zu werden.

Mit der Festsetzung Eggmühls an der Stecknitz beginnt ein neuer Abschnitt des niederelbischen Krieges. Hier abbrechend, kann der Verfasser nichts inniger wünschen, als dass ihm sein methodisches Vorhaben gelungen sein möchte, den an sich zerstückelten und durch die unvermeidlichen kritischen Bezugnahmen etwas erschwerten Stoff in lichtvoller Übersicht so darzustellen, dass, was Gegenstand tatsächlichen Wissens ist, leicht herausgenommen werden könnte, in demjenigen aber, was dem Bereiche der kontroversen Ansichten angehört, der zum Selbstdenken disponierte Leser das Für und Wider genugsam dargelegt fände, um sich den mit dem Nachdruck der Überzeugung eingeflochtenen Meinungen des Schriftstellers gegenüber völlig unabhängig zu fühlen. Wer heutigen Tages auf irgendwelchem Gebiete menschlicher Erkenntnis vor die Öffentlichkeit tritt, der soll wissen, dass unser Zeitalter für die Orakel vom Dreifuß kein Ohr mehr hat.

Anhänge

A Bibliografie

Vom Autor verwendete Literatur

BEITZKE, Heinrich: Geschichte der Deutschen Freiheitskriege in den Jahren 1813 und 1814, Bd. 1, Berlin 1859.

CLAUSEWITZ, Carl von: Der Feldzug in Mecklenburg und Holstein im Jahre 1813. Ein Beitrag zur Kriegsgeschichte dieses Jahres, Berlin 1817.

DAVOUT, Louis Nicolas: Mémoire de M. le Maréchal le Davout, Prince d'Eckmühl, au Roi, Paris 1814.

HÖEGH, C. F. von: Vertraute Mitteilungen über die Märsche und Gefechte des Dänischen Armee-Contingents im Jahre 1813, Hamburg 1837.

FRANCKE, Heinrich: Meklenburgs Noth und Kampf vor und in dem Befreiungskriege : zur Feier der funfzigjährigen Regierungsjubiläi Seiner Königlichen Hoheit der Allerdurchl. Großherzogs Friedrich Franz I. von Mecklenburg-Schwerin, nach Handschriften und gedruckten Urkunden dargestellt, Wismar 1835.

LÖWENDAL, Dannskjold von: Der Feldzug an der Niederelbe in den Jahren 1813 und 1814 / von einem Augenzeugen, dem Königl. Dänischen Major und Grafen von Dannskiold Löwendal. Uebersetzt aus dem Dänischen, und mit einigen Anmerkungen, sowie mit einem Anhange, die Geschichte des Rückzuges der Dänen von Lübeck bis Rendsburg enthaltend, begleitet von F. H. v. Jahn, Kiel 1818.

O. A.:Der Feldzug des Kronprinzen von Schweden im Jahre 1813. und 1814. bis zum Frieden mit Dänemark : mit Hinsicht auf die dadurch herbeygeführten Ereignisse in Norddeutschland und Holland, Leipzig 1814.

PIERER, Heinrich August: Der Feldzug des Corps des Generals Grafen Ludwig von Wallmoden-Gimborn an der Nieder-Elbe und in Belgien, in den Jahren 1813 und 1814, Altenburg 1848.

RADETZKY VON RADETZ, Johann Joseph Wenzel: Denkschriften militärisch-politischen Inhalts aus dem handschriftlichen Nachlaß des k.k. österreich. Feldmarschalls Grafen Radetzky, Stuttgart 1858.

SCHLÜSSER, Adolph: Geschichte des Lützowschen Freikorps. Ein Beitrag zur Kriegsgeschichte der Jahre 1813 und 1814., Berlin 1826.

VARNHAGEN VON ENSE, Friedrich Karl von: Geschichte der Kriegszüge des Generals Tettenborn an der Niederelbe während der Jahre 1813 und 1814, Stuttgart 1814.

ZANDER, Christian Ludwig Enoch: Geschichte des Kriegs an der Nieder-Elbe im Jahre 1813, Lüneburg 1839.

Weitere Literatur (Auswahl)

AUBERT, Jacques d': Denkschrift über die Ereignisse welche sich auf die Wiederbesetzung von Hamburg durch die Franzosen beziehen : von der Zeit vom 30. Mai 1813, und dem Feldzuge der Gallodänischen Armee 1813 und 1814 in Meclenburg, Lauenburg und Holstein an, bis zu den Friedensverhandlungen von Kiel, den 14. Januar, dsgl. von der, seit dem gedachten Frieden stattfindenen Blokade von Hamburg durch die russische, sogenannte polnische Armee, bis zur völligen Räumung dieses Ortes durch die Franzosen, gegen das Ende des Mai's 1814 und endlich von der Besetzung Holsteins durch die Russen, bis zu deren Abmarsch im Januar 1815, Leipzig 1826.

BODDIEN, Hugo von: Die mecklenburgischen Freiwilligen-Jäger-Regimenter. Denkwürdigkeiten aus den Jahren 1813 und 1814, Ludwigslust 1863.

DETTMANN, Lutz: Mecklenburg im Rheinbund; in: Heimathefte für Mecklenburg und Vorpommern 8 (1998), S. 22-25.

KIENITZ, Dieter: Der Kosakenwinter in Schleswig-Holstein 1813/14, Heide 2000.

KEUBKE, Klaus-Ulrich: Die Freikorps Schill und Lützow im Kampf gegen Napoleon, Schwerin 2009.

MANKE, Matthias/ MÜNCH, Ernst (Hrsg.): Unter Napoleons Adler. Mecklenburg in der Franzosenzeit, Lübeck 2009.

QUISTORP, Barthold von: Geschichte der Nord-Armee im Jahre 1813, Bd. 2, Berlin 1894.

THIÉBAULT, Paul: The memoirs of Baron Thiébault, aus dem Frz. übers. von Arthur J. Butler, London 1896.

VEGESACK, Ernst von: Memoiren des expatriierten Barons von Vegesack, Leipzig 1834

B Gefechtsordnungen bei Ablauf des Waffenstillstandes[1]

a. XIII. Korps Davout

Korpskommando:
Marschall Louis Nicolas Davout, Fürst von Eggmühl
Gesamtstärke: etwa 21.000 Mann

3. Division: General Baron Loisson

1. Brigade: Brigadegeneral Mielzynski
1., 2., 3., 4./ 15. leichtes Infanterieregiment
3., 4./ 44. Linieninfanterieregiment

2. Brigade: Brigadegeneral Graf Leclerc des Essart
1., 2., 3., 4./ 48. Linieninfanterieregiment
1., 2., 3., 4./ 108. Linieninfanterieregiment

Artilleriebrigade: Hauptmann Mathieu
3., 17./ 8. Fußartillerie-Regiment

40. Division: General Baron Thiébault

1. Brigade: Brigadegeneral Delcambre
3., 4./ 33. leichte Regiment
1., 2., 3., 4./ 61. Linieninfanterieregiment

---

1 Die OdB basieren auf der Darstellung: Nafziger, George: Napoleon at Dresden – The Battle of August 1813, Chicago 1994.

Infanteriebrigade BG Baron Gengoult
30. Linieninfanterieregiment
111. Linieninfanterieregiment

Artilleriebrigade: Hauptmann Grosjean
12./ 2. Fußartillerie
21./ 9. Fußartillerie
18./ 8. Fußartillerie

50. Division: General Vichery (später Gen.. Pecheux)

1. Brigade: General Romme
1., 2., 3. / 3. Linieninfanterieregiment
1., 2./ 105. Linieninfanterieregiment
1 6-pf reitende Artillerie

30. leichte Kavalleriebrigade: Brigadegeneral Lallemand*
28. Chasseur á Cheval Regiment (2 Eskdr.)
(poln.) 17. Litauisches Ulanenregiment (3 Eskdr.)

Reserveartillerie
5./ 5. Fußartillerie
2./ 8. Fußartillerie
4./ 5. Reitende Artillerie

8./ 4. Pionierbataillon
12. Equipage Trainbataillon

* später mit der dänischen Brigade Waldeck zusammengeschlossen

b. Dänisches Hilfskorps

Korpskommando:
General Prinz Friedrich von Hessen
Gesamtstärke: etwa 11.000 Mann

Avantgarde: Oberst Waldeck
2./ Schleswigsches Jägerkorps
1., 2./ Holsteinisches Scharfschützenkorps
Jütisches Husaren-Regiment
3-pf reitende Artillerie Gerstenberg

2. Brigade: Generalmajor Lasson
1., 2./ Fünisches Infanterieregiment
1., 2./ Schleswigsches Infanterieregiment
3./ Holsteinisches Infanterieregiment
Jütisches Leichtes Dragoner-Regiment
3-pf reitende Artillerie
6-pf Fußartillerie

1. Brigade: Generalmajor Graf von der Schulenburg
1., 2., 4./ Oldenburgisches Infanterieregiment
4./ Holsteinisches Infanterieregiment
1./ Leibregiment zu Fuß Königin
Holsteinisches Reiter-Regiment
6-pf Fußartillerie

c. Korps Wallmoden

Korpskommando:
Generalleutnant Graf Wallmoden-Gimborn

Avantgarde: Generalmajor Baron Tettenborn
2. Donkosakenregiment
1. Donkosakenregiment
7. Donkosakregiment
9. Donkosakenregiment
Pommersches Jägerbataillon

Lützower Freikorps:
Lützower Infanterieregiment
Lützower Kavallerieregiment
$\frac{1}{2}$ 3-pf Fußartillerie
$\frac{1}{2}$ 3-pf reitende Artillerie

Russisch-Deutsche Legion: Generalmajor von Ahrentschildt

1.Infanteriebrigade: Major von Natzmer
1. russisch-deutsches Btl.
2. russisch-deutsches Btl.
5. russisch-deutsches Btl.

2. Infanteriebrigade Oberstlt. Wardenburg
3. russ.-dt. Bataillon
4. russ.-dt. Bataillon
6. russ.-dt. Bataillon

Britisch-Deutsche Legion: Generalmajor Lyon

Leichte Brigade: Oberstlt. Martin
Bataillon Anhalt-Dessau
Bataillon Lüneburg

Bataillon Bremen-Verden
Hannoveranisches Jägerkorps
russisch-deutsche Jägerkompanie

Linienbrigade: Oberstlt. Halkett
Feld-Battailon Lauenburg
Bataillon Benningsen
Bataillon Langrehr
Halbbataillon Holtzermann
Hannoveranische 6-pf. Fußartillerie

(Schwed.) 4. Division: Generalleutnant Baron von Vegesack

(schwed.) 5. Infanteriebrigade: Oberst Bergenstråhle
Infanterieregiment Småland
Infanterieregiment Jönköping
Infanterieregiment Südschonen
Infanterieregiment König
Mörners Husarenregiment
Schonisches Karabinierregiment
reitende 6-pf. Artillerie

Mecklenburgische Brigade: Generalmajor von Fallois
Garde-Grenadier-Btl. von Both
Infanterieregiment von Fallois
Freiw. Jägerbtl.
Freiw. reitendes Jägerreg. von Müller
6-pf. Fußartillerie
Schillsche Husaren

Hanseatische Brigade: Oberst von Witzleben
1. Hamburger Btl.
2. Hamburger Btl.
Lübecker Btl.
Hanseatisches Kavallerieregiment

½ Fußartillerie
½ reitende Artillerie

Kavalleriedivision: Generalmajor Graf von Dörnberg
1. Russ.-Dt. Husarenregiment
2. Russ.-Dt. Husarenregiment
3. Englisch-Deutsches Husarenregiment
Hann. Husarenregiment Lüneburg
Hann. Husarenregiment Bremen-Verden

Reserveartillerie: Oberstlt. Mohnhaupt

Russisch-Deutsche Artilleriebrigade
1. reitende Artillerie
2. reitende Artillerie

Britisch-Deutsche Artilleriebrigade 1. reitende Batterie Kapitän
Sympher (6 St.)
2. reitende Batterie Kapitän Kuhlmann (6 St.)
Britische Raketenbatterie (32 Gestelle)

Reservedivision: Kronprinz von Mecklenburg-Schwerin*

Brigade Oberst von Hinzenstern
1. mecklenburgisches Landwehrbataillon
2. mecklenburgisches Landwehrbataillon
3. mecklenburgisches Landwehrbataillon
4. mecklenburgisches Landwehrbataillon
5. mecklenburgisches Landwehrbataillon
6. mecklenburgisches Landwehrbataillon

* nach der Besetzung Schwerins durch die Franzosen aufgelöst

C. Über Friedrich Brasch

1804   Friedrich Brasch kommt in Schwerin zur Welt

1822   Abitur am Schweriner Gynasmium

1822–   Studium der Theologie und Schulwissenschaft in
1829   Rostock und Jena

1835   nach verschiedenen Stationen im Schuldienst Rektor
        der neuen Bürgerschule Schwerin, ab 1847 Realgymna-
        sium

1851   in Ruhestand, anschließend heimatkundliche
        Veröffentlichungen

8.11.1874 in Schwerin gestorben.

Bibliografische Auswahl

Schulbuch zum praktischen Unterricht in der teutschen Satz-
    und Interpunktionslehre, Schwerin 1833.
Rechenbuch für den ersten Unterricht, Schwerin 1839.
Schulbuch für Bürgerschulen, Schwerin 1842-1843.
Anleitung zur Kenntniß der wichtigsten Sternbilder: ein
    Hülfsbuch für den Schulunterricht und zur Selbstbelehrung,
    Schwerin 1848.
Das Grab bei Wobbelin: Oder Theodor Körner und die
    Lützower, 1861.
Das mecklenburg-schwerinische Contingent in dem Kriege
    von 1812, 1862.
Der Feldzug des Marschalls Davoust in Mecklenburg im
    August 1813: in Hinsicht der strategischen Gesichtspunkte
    dargestellt; in: Archiv für Landeskunde in den Großherzog-
    thümern Mecklenburg, Bd. 12 (1862), S.181-214.

In der edition historica bereits erschienen:

Band 1: Robert Brendel: Die Pläne einer Wiedergewinnung
Elsass-Lothringens 1814 und 1815

Band 3: Wilhelm von Schultz: Mecklenburg im
Siebenjährigen Krieg

In Vorbereitung:

Band 4: Hugo von Bilimek-Waissolm: Der bulgarisch-serbische
Krieg 1885